U0890919

新女性主义研究贻芳译丛

基于女性主义视角的老年照顾：

探讨与争议

汉妮·马琳·达尔 著

周 薇 译

东南大学出版社
SOUTHEAST UNIVERSITY PRESS
·南京·

内容提要

在今天这个老年化社会中，有关老年照护的争议不仅存在于经济欠发达的国家和地区，也普遍存在于被视为“高福利社会”的北欧国家，且随着政府治理、全球化等新的动态呈现出不一样的图景。作者在本书中试图从经济、政治、科技等角度对各种有代表性的老年照护进行分析，探讨各种争议产生的根源，以为治理这些问题提供一个新的分析框架。

图书在版编目(CIP)数据

基于女性主义视角的老年照顾：探讨与争议／(丹)汉妮·马琳·达尔著；周薇译. — 南京：东南大学出版社，2022.2

书名原文：Struggles in Elderly Care：A Feminist View

ISBN 978-7-5641-9888-6

Ⅰ.①基… Ⅱ.①汉… ②周… Ⅲ.①老年人–护理–社会服务–研究–世界 Ⅳ.①D586

中国版本图书馆 CIP 数据核字(2021)第 251249 号

图字：10-2021-591 号

责任编辑：杨 艳　**责任校对**：张万莹　**封面设计**：王 玥　**责任印制**：周荣虎

基于女性主义视角的老年照顾：探讨与争议
Jiyu Nüxing Zhuyi Shijiao De Laonian Zhaogu：Tantao Yu Zhengyi

著　者	汉妮·马琳·达尔	**译　者**	周 薇
出版发行	东南大学出版社		
社　址	南京市四牌楼 2 号(邮编：210096 电话：025-83793330)		
网　址	http://www.seupress.com	**电子邮箱**	press@seupress.com
经　销	全国各地新华书店		
印　刷	广东虎彩云印刷有限公司	**开　本**	700 mm×1000 mm 1/16
印　张	10.25	**字　数**	220 千字
版　次	2022 年 2 月第 1 版	**印　次**	2022 年 2 月第 1 次印刷
书　号	ISBN 978-7-5641-9888-6	**定　价**	70.00 元

本社图书若有印装质量问题，请直接与营销部联系，电话：025-83791830。

目　录

第一章　前　言

无论是在罗斯基勒或是罗马，在北京、柏林或是布鲁塞尔，关于老年照护的冲突都正在发生着。围绕这些冲突，存在着多方面的争议：我们应该照护谁？什么是"适当照护"？应该如何对"适当照护"加以规范？应该谁来提供照护？照护者应该忍受什么样的工作环境？就"冲突"而言，我指的是个体和集体层面的种种分歧、矛盾和抵抗——不涉及暴力和武器——冲突可能根植于社会进程之中、话语之间、不同政策目标之间、照护实践的不同逻辑之间的分歧和矛盾，以及个体、群体和社会运动对现有话语的抵抗。

上面所提及的部分话题已经转变为集体层面的冲突。例如在丹麦，2007 年家庭帮工和市政当局工作人员高举着写有"遭遇轻视的工人联盟""贫困及超时工作""需要得到关心的时刻"的旗帜，在议会大厦前发起了关于老年照护的抗议活动(Dahl 2009)。在芬兰，当媒体曝光了老年照护不足的丑闻之后，人们一直为通过一项新的老年照护法案而不懈努力着(Hoppania 2015)。2010 年至 2014 年间，芬兰政客及其他利益相关方就新老年照护法案框架展开了激烈的辩论。起初，新法案被认为是对资源不足及低质照护的回应。然而通过辩论，老年照护问题被重新定义为立法不充分，而原初的问题却被遗忘，老年照护也被"去政治化"了(Hoppania 2015)。芬兰和丹麦的例子并非个别现象，在瑞典和挪威也是如此。受新自由主义和新公共管理(NPM)①改革的影响，加上在确保老年人权利必要性的推动下，这两个国家同样出现了有关老年照护的冲突(Vabø & Szebehely 2012)。上述例子阐释了发生在北欧国家关于老年照护中的种种争议与冲突，但是北欧事例并非是例外。

在北欧福利国家之外，在政治格局不同的国家中，关于老年照护以及照护者的工作条件方面也呈现出了纷繁复杂的冲突。在英国，关于老年照护的争议主要集中在对非正式照护的官方认可上，也即对由家庭或是有亲密关系的他人提供的非正式照护的官方认可。英国照护组织(Carers UK)，一个照护患病者及老年人的组织，发起了一场使用积极评价“照护者”一词的运动，这里的“照护者”专指家庭非正式照护者(Lloyd 2006)。该组织主张政府应当给予非正式照护者以劳动者的权利，以确保他们获得包括养老金权利在内的工作条件。在欧盟层面上，“欧盟照护者”(Eurocarers)是一个为无报酬的家庭照护者提供服务的利益组织(Williams 2010)。在欧洲大陆及地中海沿岸国家同样可以观察到老年照护方面的冲突，例如在罗马，来自东欧的住家佣工们在雇主家庭中工作，她们一边照护着意大利老年人，一边还在为获得适当的工作条件而抗争着。这些外籍劳动者在努力争取假期福利的同时，与雇主家庭一起尽力为老年人提供充足的照护。

有关老年照护的冲突绝不仅限于欧洲。在中国，关于老年照护的冲突着重体现在子女的角色(尤其是独生子女)以及他/她的责任方面。子女为老年父母直接提供照护，或是提供经济支撑。中国政府并不认为老年照护是政府责任框架内的问题，而是子女(子女们)的义务②。国家通过发行和宣传关于如何照护老年父母的指导手册提供规范指导及管理。在手册中，国家敦促子女(子女们)承担家庭对老年父母的照护责任，并为他们购买健康保险(Jacobs & Century 2012)。在此，政

① 新公共管理(NPM)一词最初由Christopher Hood (1991)提出，指将私营企业的经营理念引入国家管理中。更多的关于新公共管理的内容在第五章中，主要是讨论了照护的规范。

② 这是西方学者对中国的误读，21世纪以来，中国政府不断加强在老年保障中的作用。2009年建立了面向农村居民的新型农村社会养老保险制度，2011年建立面向城镇非从业居民的城镇居民社会养老保险制度，而早在20世纪90年代就建立了统一的城镇企业职工基本养老保险制度。2016年，中国开始了长期照护保险的试点工作，为失能、患病的老年人提供基本生活照料和医疗照护，并有望成为第六种社会保险。

治解决方案是倡导家庭主义[①]、市场化(购买健康和照护保险)、以及通过法律强制子女履行赡养义务。当前,中国将子女的赡养义务纳入法律规范中,并对不承担照护老年父母责任的子女予以惩戒。

所有事实阐明,在世界的许多地方均发生着纷繁复杂的老年照护的冲突。几乎每一个地区,"老年人负担"以及"人口挑战"都是国家政治议程中的首要任务。这绝非是巧合,而是因为社会政治问题已成为跨越国界在全球传播的话题。民族国家越来越成为全球化治理形式下的组成部分,在诸如世界卫生组织(以下简称"世卫组织",WHO)、经济合作与发展组织(以下简称"经合组织",OECD)等国际性组织,以及例如欧盟(EU)等政府间组织下开展互动。经由这些组织会产生"溢出效应",由此,问题框架、解决方案以及最佳实践路径得以推广,其后被导入或者转化进入相关民族国家的具体制度环境中。尽管国际性或政府间组织积极寻求解决方案,但是它们自身并不参与任何民族国家有关此类问题的内部争议中,而且这些组织对老年照护问题的理解也不尽相同。因此,我们有必要观察有关老年照护的国家之间的冲突,国际性组织内部及组织之间的冲突,老年人群体与他们的家庭成员以及照护工/专业照护人员之间的冲突。

冲突的扩散与激化

老年照护冲突的扩散和激化反映了全球老年照护的深层次变革。这一变革趋势产生了不确定性及矛盾,从而可能在老年照护领域激起各利益相关方的抵抗和斗争。因此,我们目睹了照护条件的戏剧性变化,人们对"什么是适当照护"的期望值越来越高,并且关于照护质量的讨论也越来越多。我认为,不断变化的照护条件涉及七个方面的社会及政治进程:商品化、全球化、职业化、去性别化、官僚体制化、新自由化以及后现代化。这些进程并非是不可避免的,但它们经过了各种类型组织的斡旋与差异化解读。在此,我使用"动词"而非"名词"来意指它们是社会政治

① 这也可能适用于"亚洲价值观"一大类,是研究照护链的亚洲研究人员提到的一些情况(Huang et al. 2012:198)。

进程而非确定性的事实。七个方面进程的交叉导致更多的碎片化、照护的不安全感以及不同逻辑之间的冲突[①]，本书的第二章将详细阐述这些进程。逻辑并不能理解是社会生活中固有的、稳定的东西，正如 Weber 的社会理论中社会行动背后的内在的、理想类型(Weber 1921)，或是 Wærness 著作中所提出的"照护的理性"(1987)。相反，逻辑是一种动态的观察和讨论路径，只可以从已识别的经验中获取。在此，我受到了荷兰哲学家 Annemarie Mol 的启发，她将逻辑定义为一种适合在特定地点或特定情境下进行实践的基本原理(Mol 2008：8)。可以说在 Mol 之后，一个既定的照护领域以及既定的照护逻辑本身并不存在[②]。相反，在关于照护脆弱身体的领域，不同的时间和空间背景下有着不同的逻辑。

照护的可能性条件是动态的，而且照护是一个在不同的社会背景下不断被拿出来讨论的话题。该讨论源于这样一个事实：照护已经从家庭和亲密关系领域转移出来，当前已经成为一个全球性的政策问题。现如今，照护政策、标准和实践在北京、布鲁塞尔、哥德堡、苏黎世、马德里、马尼拉、罗马、罗斯基勒、华盛顿等全球各地的政策论坛上讨论着。正如 Williams(2010)所指出的，照护作为"政治关注"早已浮出水面，而且不断地在各类政治集会(议会、政府、市政当局)中被拿出来讨论。照护也被冠以"政治"之名，而社会及政治间的边界导致了该领域冲突的形成。在此，我借鉴了 Chantal Mouffe 对政治的理解(2005)。然而，社会是由沉淀的社会实践构成，政治则是在某一社会实践受到质疑时产生的。从这个意义上说，政治是建立在社会和政治之间非稳定的、不断变化的边界上。对现有实践或价值的质疑将会导致政治可视化，并创造一个开放的时刻(Hoppania & Vaittinen 2015)。也正是在这一时刻，现有的照护实践成为政治的一部分或是有争议的。

照护已经离开了纯粹的私人领域并且进入了公共视野。当今社会，照护是有偿的、被管理和规范的，也是职业化的(Arendt 1958；Tronto 1993；Stone 2000；Johansson 1994；Dahl 2000a 2010；Williams 2010)。与之前的时代不同，当代政党及政治领域都在讨论照护。照护不再是沉默无声的，它越来越显性化——通过有关照护话语的不断扩散，开始存在于思想及政治理念的表达中。话语形成并限制了

① 当然，逻辑本身并不是冲突，但是组织被视为不同逻辑的载体，而不同的逻辑在相遇时可能会产生冲突。

② Finch(1989)已经指出，在对什么是照护和谁需要照护的理解上，照护领域的界线是不断变化的。

照护的可获得性理解以及照护实践，但也限制了人们可以说什么和可以做什么，其中就包括了人们可以合法占有的位置(Norval 1996:4)。就此，话语限制了照护的范围、机构可以占据的主体位置以及争议的合法方式①。

针对“冲突”，我指的是个体及集体层面的冲突，并不一定代表个体或机构的意图——因为冲突可以作为对某一特定实践的反应而突然出现。这一反应可以采用广义概念下的“抵抗”的形式，也可以包括不作为、坚持、异议、反作用力和干扰，或是最为极端的情况——反叛(Bröckling et al. 2010:18 - 19)。例如，一些医院的医生反对填写各种表格，而这些表格是质量控制及标准化的新制度的一部分。对医生来说，治疗病人尤其是那些处于极度危险中的病人，是比那些在他们看来毫无意义的文书工作更加重要的事情(Rasmussen 2012)。医生的反对包括对必要的程序性文档记录的不作为。在奥地利和意大利，照护人员在家庭中工作，通过国家资助的“现金换照护计划”来照护老年人，像奥地利或是意大利的外籍家庭帮工一直努力加入工会以获得工作，并让他们的工作(其中大部分是私人照护工作)受到如国际劳工组织(ILO)在全球范围内的监管。这些努力在2011年获得成功，国际劳动组织于当年通过了“家庭帮工法案”。社会运动，例如妇女运动以及残障者运动也一直为将照护引入政治议程，并依据特定的价值塑造照护而努力着。本书重点聚焦于有偿照护，它属于照护市场的一部分，在市场中，专业的照护人员、特定的照护者和部分家庭成员可以获得一定的工资或者一笔收入。因为是有偿的，照护可能会被政治化，从而成为公共问题。由此，照护可以与广义上的规范联系起来，也就是说，与国家或政府制度相关联。有关国家责任边界的争论(照护哪些人，不照护哪些人)产生于国家和市民社会的责任划分中[阅读:《家庭和亲密他人》(*Families and Close Others*)]，或是产生于国家和市场的责任划分中，介于国家和“外部”之间的边界已经不像它们过去那样牢固了。政府付费的市场服务(以代金券的形式)，现金换照护，以及政府、私营企业和非政府组织(NGOs)间新的合作形式例如公私合营形式(Private Public Partnerships, PPP)，都增加了判定政府责任及其边界的难度，照护的供给成为规范管理的灰色地带。

---

① 存在不同的话语，以及我后来写到的“话语竞争”，是对不同机构使用不用话语的情况的简写。话语的存在离不开机构的使用和再现。

针对这些冲突的研究是有价值的，因为在其他丰富的照护研究中还没有对冲突进行过研究。近年来，有学者将研究的重点放在与照护相关的冲突上（Newman & Tonkens 2011）。至目前为止，研究已经表明了不同理性之间（Waerness 1987）以及不同世界之间存在争议与冲突（Stone 2000）。它们被认为是不可避免的，并被解释为两个选项间艰难的甚至不可能的选择。在本书中，我试图介绍一种不同的观点，将分析的重点放在照护之中以及照护本身的冲突上（阅读第三章，有详细阐述）。我把矛盾和困境理解为僵化的冲突，并且需要以一种更为动态的方式来理解。僵化的冲突事实上是不同的且不断变化的逻辑之间的冲突，指向"旧"秩序与"新"秩序之间的矛盾和变化点，即发生在国家承担或是削弱对老年人的照护责任时，或是产生新的照护提供方式时。冲突是对既定立场和身份的重新谈判，因此也预示着新生事物的出现，它们是社会系统中日常活动的组成部分，也是近乎无形的再生产的一部分。而另一方面，冲突是抵抗政策倡议和新政策工具的场域，或是在引入规范、保护、新价值和国家责任时发生冲突的场域。在这一状况下，冲突会导致渐进式改革甚至是变革。有时，政策举措体现出不同的逻辑，引发争议与冲突并可能为缓解它们而作出政策修正，但也可能导致不同的观点和提供照护的不同方式之间的冲突。冲突是关于我们是谁以及我们将是谁，与权力、身份和情感的投入相关。更多地聚焦于冲突，能够使我们获得更为动态的照护构图，以及了解隐藏在变化逻辑背后的发展进程。冲突也指向变化的微观世界以及政治的落脚点（Foucault 1978）。政治不仅仅是由政府、国际或政府间组织所制造的，政治同样也出自基层官僚之手，如同 Lipsky 在数十年前就讨论过的那样（1980）。

我的目的并不是将矛盾或是冲突理想化，而只是简要地重新定位我们的注意点，关于照护的冲突有必要加以识别和阐明。我们目睹了发生在家庭内部、家庭与照护机构之间、家庭照护者与专业照护人员之间以及专业照护机构之间的冲突。我们同样也目睹了发生在市政当局、民族国家、欧盟以及国际性组织例如国际劳工组织（ILO）内的冲突，是关于照护理念、资金来源、照护提供者和接受照护者的权利的争议与冲突。它们与老年照护领域正在发生的激烈变革相关联，也与照护已成为政治话题这一客观事实相关联。然而，我们不能认为是争议与冲突制造了内在理性的两难困境，我将在后文中讨论这一点。相反，我们必须辨别发挥作用的逻辑，以及不同逻辑之间的和对发展及规范存在潜在阻力的冲突。

老年照护的冲突

人与人之间的相互依存或是相互关联是照护的主要特征之一。照护关乎于脆弱性(Fineman 2008),是当我们健康出现问题、没有生产力、成为没有自主性的个体时,有关个体与个体之间、个体与共同体之间的关系。在第三章中,我将在当代社会背景下拓展照护的几个附加特征。当我运用术语"那些[……]接受照护的人"时,并不意味着世界是由两类人构成的:提供照护服务的人和那些接受照护服务的人,这两类人的身份之间并没有清晰的界线。相反,人们是相互依存的(Tronto 1993),即可以同时提供并接受照护。或者套用丹麦哲学家 Lars-Henrik Schmidt 的话来说,在某种意义上,我们所有人都存在一定程度的残障,因此,我们迟早需要照护(Schmidt 1995)。

照护的多样性使得我们难以对其进行准确的定义。有些人争辩道,照护本身就是一个谜,它很难——即使并非不可能——被理解或是被描述(Joanna Latimer,在 2012 年的一次研讨中被 Ceci 等研究者引用)。在我看来,照护既不是一个谜,也不是一个简单的行动或是一连串的思维、行动或情感。我们不能够如此来理解照护,是因为它以多种形式在不同的制度环境和国家背景下存在着,并受到各种全球性话语的影响。因此,我们需要基于特定形式的照护来理解其冲突的理论模型。正如丹麦哲学家 Annemarie Mol 所说,我们不可以用一般性语言来描述照护,而应该与特定领域及其逻辑相联系(2008),也只有如此,我们才能理解该领域中的争议以及冲突的具体特性。在本书中,我将重点放在一个特定的领域——有偿的老年照护上。因此,它需要一个置于特定的时代背景下的照护概念。将重心放在这一特定形式上并不妨碍我们思考"照护"这一分析词汇,正如我将在第三章中阐述的,我们需要从更为特定的研究视角,在更普遍的意义上重新思考照护。

本书基于我个人的研究——个案分析——以及其他人的研究。我分析了 1950 至 2015 年间丹麦老年照护的话语规范,从 2006 年起,我在多个城市就规范的转化、抵抗及实际效果组织了焦点小组访谈,并进行观察(Dahl 2000a, 2009;Dahl et al. 2015b)。我的研究从丹麦老年照护的政治行政规范的两个层面展开探讨:国家层面和市政层面,个案研究由过去 20 年间在丹麦完成的几个相互关联的项目构成。本书中使用的个案来自我个人的研究项目及其核心点,其中剖析理论概念的启发式个案源自教学案例。当然，我也间或参考其他学者在照护领域的案例。我个人的案例主要用来阐述老年照护领域的社会政治发展，目的是描绘出关于老年照护的研究前景及其冲突。尽管我也将其他欧洲国家的一些案例囊括在本书中，但是案例主要来自北欧诸国。照护构图呈现了北欧国家老年照护冲突的领域，这一构图或许很快也适用于欧洲其他国家，因为北欧诸国常常被看作老年照护领域的领跑者，并对其他国家发挥了启示性作用。但并不意味着我将北欧各国的老年照护模式视为最佳的模式，相反，基于照护易受时间和空间的影响，我旨在构建特定背景下的照护理论，而不是就北欧诸国老年照护的异同作简单的材料堆积。在本书中，我的使命就是运用案例及个案研究来绘制出一幅针对权力、抵抗和冲突的背景敏感的构图。

冲突构图

为了理解日益激增的老年照护冲突，我们需要制作一幅构图[①]。这幅构图能够告知我们身处于哪个领域，以及该领域的状况。它可能没有办法精确到具体情况，但是它能够帮助我们了解发生了什么。它试图描绘出已发生的主要冲突类型，以及之前提到的造成冲突的七个政治及社会进程。它不是一幅极其详尽的构图，因为它仍然存在一些研究还没有涉足的空白点。但不得不说，这是一幅解释照护领域原则性特征的构图——社会和政治的进程以及冲突的要点。然而，这幅构图是临时性的，正如本书一样，它给了我们一个可能的答案：我们正在目睹着哪些类型的冲突？

我们可以想象出无尽的方法来识别有关照护的种种冲突，并对其进行分类。分析人员应用对抗性、规范性理论分析框架，用正义、伦理甚至民主一类词汇来看待冲突。这样的分析框架受到美国哲学家 Nancy Fraser(2008)，心理学家 Gilligan

① 在 Nancy Fraser (2008)的著作中，也可以找到与“构图”类似的概念和运用，但“构图”的历史可以追溯到科学哲学 (Toulmin 1952)中，使用不同的理论作为(临时)工具。还有 Bröckling 等研究者(2010：16)，最近使用了类似于本土化的“构图”概念。

(1982)以及政治理论家 Joan Tronto(1993, 2013)的推崇。Frasers(2008)从正义理论开启她的研究出发点,Gilligan(1982)将照护看作沉浸于伦理中的照护来理解,而 Tronto 则在民主视域下讨论照护(Tronto 2013)。以上几个研究框架都不会在本书中应用,相反,我提出了一个更为理性的研究方法,我并非先验地界定冲突是否关联着正义、伦理或是民主。取而代之的是,我基于机构本身来研究各类冲突并构建研究框架。因此,冲突的内容是以对机构的理解和它们所能获得的话语为基础。这种背景敏感的分析框架让我们对争议和冲突有了一个更为自下而上的理解,弥补了较为广义、一般性的理论框架的不足。

当代社会,我们能够识别出不同形式的照护,以及发生在不同的制度安排、不同的国家政策、不同的逻辑以及不同的治理层次之间的冲突。为了描绘出它们,我已经将冲突构图简化为两种主要类型。它们要么被现有的研究忽略,要么被视为是未来最重要的,因此是对更普遍的照护冲突的见解的来源。老年照护领域的第一种冲突是反抗沉默的冲突,是为了保留多元化的话语,而不仅仅是一种反对霸权的冲突。第二种则涉及有效照护的规范,是介于不同照护逻辑之间以及不同规范层级之间的冲突。我所研究的照护“规范”是指照护的政治化、国家是否负有责任、管理照护的形式以及赋予照护的各要素以价值。

同样,还有一些关于照护的冲突没有纳入本书之中。关于照护责任义务的冲突和只发生在家庭内部及家庭成员之间谈判的冲突并不在本书的讨论范围中。此外,还有关于谁参与到照护共同体中(在全球化的世界里,日益增加的无具体目标的主体,参与或是不参与对特定群体的照护)也未纳入本书中。例如,我并不涉及是否将移民专业照护人员的配偶、父母及其子女也包括进新的国家照护共同体中的问题。这些话题需要另一本书,一本描绘迁移制度、归属政治和照护之间相互作用的书来阐述。构图上第三个空白点涉及职业化的照护群体之间在职业边界上的冲突。解答该问题的冲突有:谁应该为那些需要照护的人做些什么?谁应该为那些老年人及其他需要照护的人承担责任?虽然我并不准备在本书中探讨以上三种类型的冲突,但是它们都是很重要的,且并不仅仅是针对老年人,因为它们提出了“谁来照护我”以及“以什么方式照护我”的存在主义问题。尽管这三种形式的冲突都十分重要,也在本书中被提及,但是它们并不是我研究的重点。因此,与其制作一幅浮于表面的、详尽的构图,还不如聚焦于两种类型的冲突上:一种是关于沉默的冲突，另一种是关于过度规范的冲突。我认为这两种冲突都被忽视了，但却是当前正在发生的典型冲突类型。

有关沉默与规范的冲突

有关沉默的冲突是为了获得社会及政治的显性化而作出的斗争，意味着冲突离开隐藏、缄默的空间，并进入充满争议的公共领域，以便将一系列的照护问题引入政治议程。沉默的冲突与缺少适合的话语代理人或代理机构相伴而生（Dahl 2012a），或者说，反对沉默的斗争可能针对照护的某些特征或实践。但这些过程并不总是容易被识别，因为它们有时先于“需要解释的政治”（Fraser 1989）发生，那里的重点是关于需要本身的冲突。请让我举出丹麦的一个例子来说明国家一直以来对照护的要素保持沉默。1968 年以前，“孤独”是关于老年照护政治话语的一部分，“政治话语”指的是政治家们思考及讨论国家对老年人担负责任的方式。在他们的视野中，家庭支持应该是“有时间与老年人交流”，使老年人能够安逸地生活，边喝咖啡边聊天，这些可视作有助于减轻老年人的孤独感。然而 1968 年以后，“孤独”“舒适”及作为其伴生物的需求从政治话语中消失，且被沉默、被遗忘了——不再因需要而被提出来（Dahl 2000）。一方面，家庭支持不再作为公民的责任，其中也就包括缓解老年人的“孤独感”。而另一方面，国家缩减了对老年照护的支持，出现了照护的空心化，这是国家对缓解“孤独”责任的削弱。而其他方面的需求被认为更为迫切，或是可能在绩效测量方面更易管理，因而被放在优先解决的位置。我将在第四章中回到这个关于孤独的沉默案例上来，届时我会将沉默延伸至沉默的理论背景下进行探讨。

第二种类型的冲突是在政党及政治中应该如何讨论照护和采取行动，是关于照护规范的冲突。理解这类冲突的一个渠道是只关注我们惯例下所知道的政治、价值的权威性分配，以及谁得到什么、什么时候获得和如何获得（Laswell 1950）。这是对政治的一个重要定义，但狭隘的理解是不够的。如果我们没有在它们被纳入正式的政治领域之前看清社会中的争议和冲突，那么很多东西将会被排斥在外。因此我采用另一条道路，即把重点放在政治上，正如前面定义的那样，以一种更具包容性的方式，而不是将政治限定于正式的政治范畴。我在 Foucault 提出的“治理”概念的启发下来理解规范。治理可以用不同的方式来解释或是应用，受 Foucault 的启发，“治理”的渠道可以解释为识别不同的“治理方式”，是“特定的表象，知识和通常关于被治理事物的专业性”(Larner & Walters 2004:2)[①]。这种规范与知识的结合在下面的引文中恰当地表达了出来：“要治理，就必须要知道。”(Rose 2000:209，引自 Bacchi 2009:11)我结合了文献中的“治理”，以及当代思维形式和规范照护中确定的新逻辑[②]。正如 Foucault 无法预知治理的发展以及它走出民族国家的方式，我将用关于冲突的另一个维度来补充“治理方式”，亦即“治理层次”。我所说的“治理层次”是指国家的不同层次，例如次国家层次的、国家层次的、国家间(跨国间)的和/或超国家层次的冲突。进而形成多层次治理，一个将在第五章中详细阐述的概念。我试图强调不同层次上发生的冲突，但由于本书的目的是发展关于照护冲突的理论，因此，不会应用系统的多层次分析框架。

正因为我将焦点集中在两种类型的冲突上，它们不应仅仅被视为详尽的描述。正如我之前已经解释过的，照护冲突的构图也将包含一些空白点。本书中没有涉及的空白点包括专业照护人员群体或照护工群体之间的冲突，亲属之间的冲突以及关于谁应该被纳入照护共同体中的冲突。虽然这些冲突同样也很重要，但我相信本书所选择讨论的两类冲突与没有被涵盖的空白点之间有着密切的联系。此外，其他研究者例如职业社会学学者已经研究过专业人员之间的冲突。

女性主义，内在批判性

本书要构建的一幅图画是在特定的时间、由特定的个体在特定的社会背景下生成的，这幅构图反映了我自身所处情境下的知识。很久以前，Haraway 就提醒我们说，所有的知识都是一定“情境”下的知识，我们也深信需要进行本土化的思考

① 在我的理解中，“治理”概念是“逻辑”的同义词，所以当我使用“逻辑”一词时，我既指 Mol 理解中的理性，也指 Foucault 理解中的治理。

② 我还结合了有关新公共管理、改革与照护的文献，研究了这种新的治理形式产生和改变照护的方式。

(Haraway 1988)。我自身是处于内部带有批判性的北欧福利国家：从这个特定的地理位置和历史视角，从受后结构主义及激进女性主义影响的特定女性主义立场来观察和分析世界(Dahl 2010、2012b)。为了更好地理解我在本书中呈现的前提、理解、观点，请让我简要地阐释下我的立场。

出生和成长在一个北欧国家，具体位置是丹麦和德国的地理交汇处，位于北欧诸国和欧洲大陆之间，给予了我不同国度的历史体验。有些国家并没有先验的父权制，可以被看作"潜在的对女性友好的国度"(Hernes 1987)。这些国家可能被视为在一些性别问题上有远见(Carlsson 2014)，当然这些国家间在女性主义问题上也存在差异。但是，并不意味着北欧福利国家是某种女性主义天堂的代表，我的大部分研究成果已经解析了这一想象，并阐明了北欧福利国家中一些不那么讨喜的元素，例如对照护的错误认知(Dahl 2004, 2010)。然而，北欧福利国家相对较早地承担起了老年照护的公共责任，并在一定程度上(尽管时间和程度各异)推动了照护的职业化发展。在这样的社会背景下，应该注意到"国家"并不是一个同质性的实体，而是各种力量、话语及策略的集合体，对此我们必须进行辨别和分析(Brown 1992；Pringle & Watson 2004；Kantol & Dahl 2005)。我们可以识别国家内部以及不同层次间照护的相关内容及其争议，例如，次国家层面的以及国家层面的，我将在本书的后面部分进行详细地分析。

我的女性主义立场是后结构主义的，因为我努力避免复刻二分法的同时，将注意力放在话语冲突上(Derrida 1976, 1981；Flax 1990)。二分法常常被使用在照护与治理之间，照护被理想化的同时，治理却被妖魔化了。在现代资本主义制度下，是一个站不住脚的立场。在这一制度下，哪怕是最为亲密类型的照护也受新自由主义国家进行市场化的规范和治理。我们可以列出国家干预和治理照护的种种解释，其中费用控制、确保照护品质以及确保照护的公平分配和照护实践中的平等都包含在内。当给自己贴上激进的女性主义学者标签时，我指的是任何性别体系中情感的、无形的、非经济的方面(Jonasdottir 1991)，例如那些融入照护实践的方面。对于我来说，这一立场意味着要关注话语表达——或无法表达——照护的情感因素的方式。无论情感因素是明确的、隐含的或是沉默的，它们都是情感机制的一部分，我将在本书后面的内容中分析这一点。另一种二分法与性别相关，是女性主义研究的核心部分。然而，我并不研究性别化的主体地位，例如男权主义和女权主义。性别化和去性别化的社会进程是重要的，它们改变了照护的可能性条件，正如本书的第二章将要呈现的那样。相反，我关注性别规范，主要通过研究性别二分法如何根深蒂固地影响着规范，尤其是在照护规范方面（更多信息请参阅本书第五章）。我关注的并不是规范“谁”，而是性别化规范如何在政治领域发挥作用，以及可能遭遇的潜在抵抗。

作为一名性别研究者，我非常强调跨学科的研究方法，因此，我从（女性主义）社会学、（女性主义）政治学、照护哲学以及女性主义历史学中汲取方法。一直以来，女性主义社会学是建构照护理论的驱动力。然而不幸的是，它也带来了一种社会学的学科偏见，倾向于排斥其他学科的潜在贡献。我深信照护理论的构建是跨学科的事业，我们需要抑制社会学偏见，并将政治学中的深刻见解整合其中。我们需要着重关注照护的权力，冲突与规范。正如 Hannah-Kaisa Hoppania（2015）所主张的那样，由于对照护的政治和政治理论的理解无力，我建议我们将受 Foucault 启发下的权力，冲突与抵抗，以及国家的概念整合进我们的研究中（Foucault 1978，1979）。为了阐释这种社会学偏见及其不足，我将在第三章中对关于照护的种种研究传统进行概述。

为什么本书是必要的？

女性主义照护理论是从女性主义运动试图将一种社会运动，也就是说将照护提升至科学议程的社会运动中发展起来的。通过命名为“照护”，它也就不再隐匿在科学（传统之下为男性）的视线之外。女性主义照护理论为诸如“奉献爱心的劳动”（a labor of love）、“理性的照护”（rationality of care）（Wærness 1987）、“专业照护人员”（professional carers）（Davies 1995）、“享受无须承担责任的特权”（privileged irresponsibility）（Tronto 1993）、“照护圈”（circles of care）（Bubeck 1995）、“全球照护链”（global care chains）（Hochschild 2001）、“对照护者的关爱”（caring about the carer）（Kittay et al. 2005）、“照护逻辑”（logic of care）（Mol 2008）等重要概念做出了贡献。女性主义照护理论成功地开创出一个新的研究领域，它有着新的分析概念和关于社会现实的新视角，推动着我们超越马克思主义关于“再生产”

的理论。然而，有些要素缺失了，除了一些例外，文献似乎忽视或者遗漏了权力和冲突本身(Bubeck 1995；Dahl 2000b；Hockey & James 1993；Tronto 1993, 2010)。将老年照护描述为一个去政治化的领域，意味着忽视了关于照护话语之间的冲突，关于提供照护的适当方式、不同的专业群体之间关于控制或是避免照护(或是照护元素)的冲突，以及国家内部关于照护规范的冲突。本书所提供的照护构图阐明了这些冲突中的一部分及其特点。从某种意义上说，构图是用来分析照护动态以及当代照护冲突的理论工具。

总而言之，现有的文献并没有完全忽视冲突，我在第三章中将回到该问题上来，届时将更为深入地讨论照护和权力理论议题。在此我只想提一点，照护理论从性别视角关注早期英国照护责任的不平等分配，女性主义的照护负担以及老年人的稚化过程(Infantilizing of the elderly)中出现的权力不对称(Hockey & James 1993)。然而在我看来，仅仅关注权力是不充分的。尽管照护理论提供了重要的见解，但这一研究领域从未更为系统地思考冲突和抵抗，学者们也从未在构建权力理论时将其与国家及规范联系起来。我知道，对一个研究领域发表如此泛泛之陈述可能是有风险的，对于涉及多方面、多研究领域和理论的照护以及老年照护很难做到公平。然而，为了理解更广阔的图景，真正解决老年照护现有研究中的空白，有时需要用宏观笔墨来描绘。有鉴于此，让我谈谈一个超越了迄今为止国家关注的问题上来。

冲突、多层次治理与跨国话语

关于照护沉默化和照护规范的冲突不仅发生在政治领域，也发生在更广义的政治范畴中。政治不再仅仅发生在民族国家范围内(Fraser 2008)，也发生在不同层次上——基层、国家、跨国，有时甚至是同时发生。因此，有关照护的冲突可能在不同的治理层次上以及层次间展开。通常来说，可识别出四个层次：次国家层次、国家层次、超国家层次、政府间/或是全球层次。它们构成了“全球治理”，尽管不是以整体性的方式出现，但是标志着一个全球体系的出现。相反，“全球治理”应当作为异质化的话语和实践下的模糊集合体来理解(Larner & Walters 2004)。虽然

“全球治理”不是一个明确的分析概念，但是它可以被视为指导实证研究的一种富有成效的方法（Larner & Walters 2004）。

在本书中，我同时应用此前提到的政治及政党的狭义和广义理解。我指出不同层次的治理，包括基层（市政当局的冲突）、民族国家、政府间（主要在欧盟内部）、超国家（欧盟）以及跨国间（经合组织、世卫组织、国际劳动组织）。我尤其关注冲突是如何在国家内部发生的，因为这些对于国家应该在多大程度上关注以及以何种方式关注冲突十分重要。首先，国家应该在多大程度上关注照护是争议的重点，因此，我的分析需要沿着传统的右翼—左翼区分国家照护角色中产生的争议与冲突而展开。其次，关于国家以何种方式实施照护也存在争议，即国家如何管理和界定照护问题，例如“照护危机”“照护负担”“社会投资”以及/或是“给被照护者选择”?问题涉及如何引入新的治理或逻辑。对于每一个新逻辑，我们需要识别什么被压制了，哪些人包含在内或是被排斥在外，以及我们是如何被治理的。我们需要研究国家如何界定照护问题，以及他们正在采取哪种类型的策略。此外，我们还需要确定国家的不同部分是否对关键问题有着不同的框架。

在国家将自身视为国际舞台上的竞争对手的背景下（Pedersen 2011），以及当跨国话语源自国际知识体系并在全球传播时（Sahlin-Andersson 2002; Dahl et al. 2015a），研究国家的不同部分是否以不同的方式构建老年照护变得令人关注。照护规范正超越国界，照护问题在全球范围内也以类似的方式出现，例如“老年负担”（elderly burden）、“社会投资”（social investment）、“康复”（rehabilitation）以及“创新”（innovation）。话语、思想以及理性在国家之间迅速传播（Bacchi 2009），跨国话语中的问题也是如此（Conrad 2011）。我们发现了跨国的流动空间，行动者及思想在那里流动并交换着。传播中的话语使得识别不同层次的治理变得困难。然而，不同层次的规范有着不同的管辖范围和权限。例如，欧盟管理社会事务时，是将其作为双重辅助性机构的一部分来管理。也就是说，欧盟无权颁布社会事务立法，因为立法被视为最好由个体成员国家和家庭来处置的事务（Nousianen 2011）。然而，更具协商性的开放协调机制（Open Method of Coordination ，简称 OMC）是政治敏感领域一种新的治理方式，它试图解决成员国之间的多样性问题。开放协调机制赋予参与的公务人员及政客们以新的身份，并提供了新的逻辑思维方式和新的治理技术，例如“老年照护”的“最佳实践”。

欧盟的事实新兴崛起的、有着多层次规范的全球治理模式正在改变照护的规范路径。老年照护的国家话语越来越多地与跨国话语密切联系在一起，"学习过程"、资讯论坛以及霸权话语则由国际性组织和国际惯例推动。因此，研究老年照护的规范也需要关注国际组织在行使权力中的不同方式。

本书的结构

迄今为止，我试图通过欧洲的案例来记录日益激增的老年照护中的冲突。为了识别冲突，我们需要从政治科学的角度来探讨权力、抵抗、沉默、规范和该规范下的全球视野来补充现有研究视角的不足。我已经勾勒出了自身的研究立场，即内在批判性的女性主义学者，旨在基于北欧国家背景，在照护规范向全球治理方向发展变迁的情境下勾勒出一幅冲突图画。图画包罗万象，因为它仅仅包括值得当下探讨的最关键问题。或许在将来，研究中的那些空白点能够得到探索和理论化。

在第二章中，我重点关注更具有历史意义及解释性的问题。我概述了七个主要的变迁进程，它们为作为社会人的我们思考并采取行动创造了条件。在这七个社会及政治进程，即商品化、职业化、后现代化、去性别化、全球化、官僚体制化以及新自由化的交汇处，照护成为种种冲突的关键点。问题的重点是：*关键性的社会及政治进程以何种方式改变了照护的条件，制造了紧张局势，使照护变为一个冲突场所？*

第三章将照护作为一个分析概念展开论述，指出，我们需要彻底地重新思考照护概念。我相信，早期关于照护的研究是基于错误的理论领域提出的错误问题，研究关注的是如何在一个纯粹的伦理领域描绘照护及其主要的分析维度。然而，研究使我们陷入一个僵局，因为在这一理论领域中，我们无法看到权力、沉默、抵抗以及关于规范的争议和冲突。因此，我们需要换个方式来表述问题：*不断变化的照护条件以及对权力和冲突的关注如何重新构建我们的照护理论？* 我建议我们将照护理论构建为一个由已知的其他人、家人、朋友和陌生人组成的集合体，由此，们可以将困境重新定义为逻辑之间的冲突，并关注当前正在发生作用的情感机制。

接下来的两章继续勾勒了新的照护分析词汇。在第四章中，我聚焦于当前形势下冲突的一种类型，即照护或是照护元素的沉默，以及针对沉默的冲突。针对沉默的冲突既涉及支配地位，也涉及从属地位(后者被理解为服从)。本章概述了沉默的理论及其哲学背景，提供了关于照护的可见性和照护理念冲突的案例。我概述了三种识别沉默进程的分析策略：解构、比较话语分析以及记忆工作法。事实上，沉默是去政治化的照护。本章的主要问题是：*在照护中关于沉默的冲突有哪些特点？我们如何能够在文献中识别作为一个过程的沉默？*

在接下来的第五章，我继续阐述新的分析方法和词汇，主要涉及第二种类型的冲突，即规范。总的来说，这些都是关乎老年照护形式和内容的冲突，尽管形式/内容的差别难以在实证研究中获得支撑。本章描述了老年照护规范的变迁，重点阐述了规范的三个主要特征：规范的混合性、治理的多层次、性别化的规范。与此同时，它们构成了照护冲突的关键点。本章需要回答的关键问题有：*我们如何理解当今的照护规范？在照护规范中我们如何识别出冲突的类型？*

在最后一章，我将回到本书的关键问题：*我们可以识别出哪些类型的冲突？*老年照护的构图被描绘为两种不同类型的冲突，它们是构图的关键点，我将详细阐述两者之间的主要区别。我的分析以及对照护的其他政策领域分析的潜在影响也将在本章中作讨论。我提出有必要治理照护这一紧迫性问题，同时对当前的规范形式及其潜在的负面影响进行了反思。在当前条件下，这一问题是至关重要的，在我看来，照护和规范并不是对立的存在。事实上，它们可能正超越新自由化的范畴。

参考文献

Arendt, H. (1958). The human condition. Chicago: University of Chicago Press.

Bacchi, C. (2009). Analysing policy: What's the problem represented to be? Frenchs Forest: Pearson Education.

Bröckling, U., Krasmann, S., & Lemke, T. (2010). From Foucault's lectures at the Collège de France to studies of governmentality—An introduction. In U. Bröckling, S. Krasmann, & T. Lemke (Eds.), Governmentality—Current issues and future challenges (pp. 1-33). London: Routledge.

Brown, W. (1992). Finding the man in the state. Feminist Studies, 18(1), 7-34.

Bubeck, D. (1995). Care, gender and justice. Oxford: Clarendon Press.

Carlsson, K. (2014). Den tilfällige husmodern. Lund: Nordic Academic Press.

Ceci, C., Björnsdottir, K., & Purkis, M. E. (2012). Introduction: Home, care, practice—Changing perspectives on care at home for older people. In C. Ceci, K. Björnsdottir, & M. E. Purkis (Eds.), Perspectives on care at home for older people (pp. 1-22). London: Routledge.

Conrad, C. (2011). Social policy history after the transnational turn. In P. Kettunen & K. Petersen (Eds.), Beyond welfare state models (pp. 218-240). Cheltenham: Edward Elgar.

Dahl, H. M. (2000a). Fra kitler til eget tøj—Diskurser om professionalisme, omsorg og køn, Ph. D. thesis. Aarhus: Politica, Aarhus university.

Dahl, H. M. (2000b). A perceptive and reflective state? The European Journal of Women's Studies, 7(4), 475-494.

Dahl, H. M. (2004). A view from the inside: Recognition and redistribution in the Nordic welfare state from a gender perspective. Acta Sociologica, 47(4), 325-337.

Dahl, H. M. (2009). New public management, care and struggles about recognition. Critical Social Policy, 29(4), 634-654.

Dahl, H. M. (2010). An old map of state feminism and an insufficient recognition of care. NORA—Nordic Journal of Feminist and Gender Research, 18(3), 152-166.

Dahl, H. M. (2012a). Tavshed som magt og afmagt. Tidsskriftet Antropologi, 33 (66), 3-16.

Dahl, H. M. (2012b). Neo-liberalism meets the Nordic welfare state—Gaps and silences. NORA, 20(4), 283-288.

Dahl, H. M., Hansen, A. E., Hansen, C. S., & Kristensen, J. E. (2015a). Kamp og status—De lange linjer i børnehaveinstitutionens og pædagogprofessionens historie fra 1820 til 2015. Copenhagen: U Press.

Dahl, H. M., Eskelinen, L., & Hansen, E. B. (2015b). Coexisting principles and logics of elder care: Help to self-help and consumer-oriented service. International Journal of Social Welfare, 24(3), 287-295.

Davies, C. (1995). Competence versus care? Gender and caring work revisited. Acta

Sociologica, 38(1), 17 - 31.

Derrida, J. (1976). Of grammatology (G. Chakravorty Spivak, Trans.). Baltimore: Johns Hopkins University Press.

Derrida, J. (1981). Disseminations (B. Johnson, Trans.). Chicago: The University of Chicago Press.

Finch, J. (1989). Family obligations and social change. Cambridge: Polity.

Fineman, M. (2008). The vulnerable subject: Anchoring equality in the human condition. Yale Journal of Law and Feminism, 21(1), 1 - 24.

Flax, J. (1990). Thinking fragments. Berkeley: University of California Press.

Foucault, M. (1978). The history of sexuality—An introduction. London: Penguin Books.

Foucault, M. (1979). Discipline and punish - The birth of the prison. London: Penguin Books.

Fraser, N. (1989). Talking about needs: Interpretive contests as political conflicts in welfare state societies. Ethics, 99, 291 - 313.

Fraser, N. (2008). Scales of justice—Reimagining political space in a globalizing world. Cambridge: Polity.

Gilligan, C. (1982). In a different voice. Cambridge, MA: Harvard University Press.

Haraway, D. (1988). Situated knowledges: The science question in feminism and the privilege of perspective. Feminist Studies, 14(3), 575 - 599.

Hernes, H. (1987). Welfare state and woman power—Essays in state feminism. Oslo: Universitetsforlaget.

Hochschild, A. R. (2001). Global care chains and emotional surplus value. In W. Hutton & A. Giddens (Eds.), On the edge: Living with global capitalism (pp. 130 - 146). London: Vintage.

Hockey, J., & James, A. (1993). Growing up and growing old—Ageing and dependency in the life course. London: SAGE.

Hood, C. (1991). A public management for. all seasons? Public Administration, 69 (1), 3 - 19.

Hoppania, H. (2015). Care as a site of political struggle. Ph. D. thesis, Helsinki: University of Helsinki, Department of Political and Economic Studies.

Hoppania, H., & Vaittinen, T. (2015). A household full of bodies: Neo-liberalism, care and 'the political'. Global Society, 29(1), 70 - 88.

Huang, S., Yeoh, B. S. A., & Toyota, M. (2012). Caring for the elderly: The embodied labour of migrant care workers in Singapore. Global Networks, 12(2), 195 - 215.

Isaksen, L. W. (2011). Gendering the stranger: Nomadic care workers in Europe—A Polish-Italian example. In H. M. Dahl, M. Keränen, & A. Kovalainen (Eds.), Europeanization, care and gender—Global complexities (pp. 141 - 151). Basingstoke: Palgrave Macmillan.

Jacobs, A, & Century, A. (2012, September 7). Duty first, in an ageing China. International Herald Tribune, pp. 2.

Johansson, S. (1994). Omöblering i folkhemmet. Nytt vin i gamla läglar? In L. Simonen (Ed.), När gränserna flyter—en nordisk antologi om vård och omsorg (pp. 31 - 50). Jyväskylä: STAKES.

Jonasdottir, A. (1991). Love power and political interests. Örebro/Kumla: University of Örebro/Kumla Tryckeri.

Kantola, J., & Dahl, H. M. (2005). Gender and the state: From differences between to differences within. International Journal of Feminist Politics, 7(1), 49 - 70.

Kittay, E. F., Jennings, B., & Wasunna, A. A. (2005). Dependency, difference and the global ethic of long-term care. The Journal of Political Philosophy, 13(4), 443 - 469.

Larner, W., & Walters, W. (2004). Introduction—Global governmentality: Governing international spaces. In W. Larner & W. Walters (Eds.), Global governmentality—Governing international spaces (pp. 1 - 20). London: Routledge.

Laswell, H. D. (1950). Politics: Who gets what, when and how. New York: Peter Smith.

Lipsky, M. (1980). Street-level bureaucracy. New York: Russell Sage Foundation.

Lloyd, L. (2006). Call us carers: Limitations and risks in campaigning for recognition and exclusivity. Critical Social Policy, 26(4), 945 - 960.

Mol, A. (2008). The logic of care—Health and the problem of patient choice. Oxon: Routledge.

Mouffe, C. (2005). On the political. London: Routledge.

Newman, J., & Tonkens, E. (2011). Introduction. In J. Newman & E. Tonkens (Eds.), Participation, responsibility and choice (pp. 9 - 28). Amsterdam: Amsterdam University Press.

Norval, A. (1996). Deconstructing apartheid discourse. London: Verso.

Nousianen, K. (2011). Double subsidiarity, double trouble? Allocating care responsibilities in the EU through social dialogue. In H. M. Dahl, M. Keränen, & A. Kovalainen (Eds.), Europeanization, care and gender—Global complexities (pp. 21 - 40). Basingstoke: Palgrave Macmillan.

Pedersen, O. K. (2011). Konkurrencestaten. Copenhagen: Hans Reitzels forlag.

Pringle, R., & Watson, S. (2004). Women's interests and the post-structuralist state. In A. Phillips (Ed.), Feminism and politics (pp. 203 - 223). Oxford: Oxford University Press.

Rasmussen, L. D. (2012). (H)vide verden—om relationer mellem professionsidentiteter og kvalitetssikring, Ph. D. thesis. Roskilde: Department of Society and Globalisation, Roskilde University.

Rose, N. (2000). Powers of freedom: Reframing political thought. Cambridge: Cambridge University Press.

Sahlin-Andersson, K. (2002). National, international and transnational constructions of new public management. In T. Christensen & P. Lægreid (Eds.), The transformation of ideas and practice (pp. 43 - 72). Aldershot: Ashgate.

Schmidt, L. H. (1995, August). Velfærd til forhandling. Social forskning, pp. 99 - 107.

Stone, D. (2000). Caring by the book. In M. H. Meyer (Ed.), Care work, gender, labour and the welfare state (pp. 89 - 111). London: Routledge.

Toulmin, S. (1952). The philosophy of science. London: Hutchinson.

Tronto, J. (1993). Moral boundaries. New York: Routledge.

Tronto, J. (2010). Creating caring institutions: Politics, plurality and purpose. Ethics & Social Welfare, 4(2), 158-171.

Tronto, J. (2013). Caring democracy—Markets, equality and justice. New York: New York University Press.

Vabø, M., & Szebehely, M. (2012). A caring state for all older people? In A. Anttonen, L. Häikiö, & K. Stefánsson (Eds.), Welfare state, universalism and diversity (pp. 121-143). Cheltenham: Edward Elgar.

Wærness, K. (1987). On the rationality of caring. In A. Showstack-Sassoon (Ed.), Women and the state (pp. 207-234). London: Hutchinson.

Weber, M. (1921). Wirtschaft und gesellschaft. Tübingen: J. C. B. Mohr.

Williams, F. (2010, July 8-11). Claiming and framing in the making of care politics: The recognition and redistribution of care. Paper presented at the 5th International Carers Conference: New Frontiers in Caring, Leeds.

第二章　老年照护的变化图景及冲突的外延

本章所陈述的事实十分重要，因为它们创造出了一个对过去、现在和未来的连贯性认知。然而无论是作为女性主义学者还是社会科学家，我们都应该谨慎地对待将要陈述的事实。我们趋向于编造进步或是失败的故事，却常常掩盖过去和现在纷繁复杂的以及可能对立的声音。这使得我们的陈述变得越来越同质化的同时(Hemmings 2011)，也压制了一些元素。如此的警示并非是新出现的，社会学家Janet Finch (1989)在她对照护责任的历史性研究中，就警示我们不要构建一个鼎盛时期的、全方位照护社会的形象。我将要阐述的案例比(全球的)照护危机(Hochschild 1995；Saraceno 1997；Isaksen et al. 2008)或是"接近即将到来的老年照护危机"(Huang 2012)更为复杂，因为它并不仅仅是一个有关缺失(照护危机)的特有事实。

种种变化影响着现有的照护状况。各种社会及政治进程以积极或是消极的方式与照护形式交织在一起或直接影响着照护，其中的一些变化已经持续了一个多世纪，例如照护人员的职业化；而其他变化例如新自由化则是直到最近才发生的。虽然有些理论家关注的是照护问题，以及应对此类问题的解决方案 Tronto 2013)，但是我关注的是理解当前形势的复杂性。当然，这并不意味着是某种意义上的"时代诊断"，而是更为谦虚的、释义性的愿景，用以识别事物是如何以这种方式出现的，以及从批判的、女性主义学者的立场来看待当前形势的主要特征。因此，本章的目标是将老年照护置于社会背景中来讨论，通过识别正在运行的过程来描述它们的逻辑，讨论其复杂性以及它们之间的交汇点来达到目标的。

照护的现实远比用带有危机标签的简单末世论来比喻其变迁和状况更为复杂。然而，研究者们一致认为照护的思想与实践在过去的半个世纪中已经发生了意义深远的变化。一些研究者将变化描绘成该领域的一场变革(Tronto 2013:2)，而其他研究者则关注照护和世界之间普遍存在的不安状态。例如，澳大利亚社会学家 Michael Fine 注意到，"照护是社交世界的一个基本特性，尽管它不再像过去那样融入当代社会"(Fine 2007:1)。

关于照护的事实变化了。不安已进入公共视野之中，它奠定了争议和冲突的基础。在本章中，我们将识别这些变化以及它们对照护和老年照护冲突的影响。因此，本章的主要问题是：*什么样的社会及政治进程正在改变照护的条件，制造矛盾以及冲突的场所?*

社会和政治进程改变着冲突图景

我仅仅试图找出一些主要的社会及政治进程，它们创造了新的领域和条件，使照护成为冲突的场所。我将提供一幅在当代背景下行之有效的构图，且聚焦于最为重要的因素上。这些进程表明，变化会产生不确定性，个体必须重新思考它们自身及其处境，正是新的不确定性引发了冲突。很多社会和政治进程是可以得到识别的，但识别过程总是需要具备特定的优势。我的优势在于秉承内在批判性的女性主义，在被称为"北欧模式"的国家背景下讨论这些进程。正如在前言中所提及的，我已经勾勒了照护条件变化涉及的七个进程，总体而言，它们对照护领域尤其是老年照护领域十分重要，而其他学者识别的进程则较少。例如 Fine 识别了其中的四个：职业专门化、(战后)福利国家、女性主义和全球化(2007:6－7)。这四个进程的确很重要，但是福利国家和职业专门化还是过于笼统，难以发挥应有的作用，我将在下面解释这一点。

我确定了以下七个进程，它们助长了照护冲突的发生：*商品化*、*职业化*、*后现代*

化、去性别化、全球化、官僚体制化以及新自由化。取代 Fine(2007)所提出的职业专门化,我将此划分为两个进程,即商品化和职业化。尽管两者相互关联,但是它们在分析和经验上存在着明显的差异。与福利国家不同,我区分了两种进程,即官僚体制化和新自由化,因为我相信这两者需要保持分析意义上的差别。官僚体制化关注文献记载的一般规则和公正性,而新自由化则指的是选择、市场化和自我管理。七个进程仍在进行中,而我的清单也并不详尽。它们是一般性进程,并非特指老年照护,尽管它们以一种特殊的方式满足了老年照护领域的要求①。它们不应该被视为是不可避免,而是经由不同机构的调节和阐释。因此,我用动词取代名词以表明它们是政治进程,而非确定性的。有时它们得到支持并且被复制,有时受到机构的抵抗。从这一意义上说,进程与照护交织在一起,也就是为什么我把名词变得更为"活跃"的原因,例如从"新自由主义"到"新自由化"。然而,指定进程有可能要冒着陷入每一特殊进程的风险,有可能忽视了它们间互动的大局,这我所描述的进程可以相互叠加、相互矛盾或是相互加强。在本章的结尾,我将试图用事实简要说明这些不同种类的关系。

显而易见,还可以列举出影响照护的其他社会及政治进程。然而,我的关注点并不是构建一幅完整的画面,诸如新福利技术的应用或是种族化进程(Gavanas 2013)并没有包含在本书的讨论中。但并不意味着它们不重要,而仅仅因为至今还没有足够多的关于这些进程的研究。本章中,我仅仅尝试性地描述发生在社会及政治现实中的变化,以及这些变化对提供老年照护条件、身份、照护理念以及照护关系进行重新配置的一般性方式。然而,七个社会及政治进程常常被笼统地描述,但我试图在变化的进程中思考照护和脆弱的老年人的问题。变化可能引发不确定性,制造新旧逻辑之间、进程之间以及各种变革要素之间的矛盾和冲突,例如七个不同的社会进程之间的矛盾和冲突。下面就让我先从回顾社会和政治进程中的第一个环节即商品化照护开始。

---

① 有人可能会争辩道,在老年照护方面也存在着更具体的进程。就它们的存在而言,我在分析中忽略了它们,以期得到更具一般性的景观画面。

照护商品化：市场、外包与情感劳动

资本主义是塑造照护的社会及政治进程的力量之一，可将其理解为一种劳动被商品化的生产形式。根据 Karl Marx 的理解，照护是一种劳动，照护劳动在市场上被售卖，且不用于即时消费（Jessop 2008）。市场存在的理由是创造盈余，用马克思主义的话来说就是通过对照护工/专业照护人员的剥削得以实现。照护是一种劳动形式，而不再仅仅由家人、亲属或是共同体成员承担的无偿照护。相反，照护的商品化出现了，同时也是亲密关系的商品化（Ungerson 1997）[①]。陌生人通过提供照护劳动获取报酬[②]，改变了以伦理/归属感/奉献爱心的劳动为基础的无偿照护，而成为潜在陌生人之间的有偿交易。照护者由此成为照护工或是专业照护人员，他们受雇于公司、非营利性机构（Non-Profit Organization，简称 NPO）、国家或者直接受雇于老年人自身。当照护的制度环境改变了照护，照护理念通常也会发生变化。然而，照护商品化并不意味着情感和情感机制被中断了[③]。换句话说，情感机制发生了变化，而变化将人们联系在一起，并在照护商品化中创生出不同的情感机制，产生了例如照护中的依恋和同情以及冷漠和厌恶的不同结果。不同类型的情感分别被社会裁定为积极的或是消极的。情感机制既"将一些主体与其他主体相结合"（Ahmed 2004：17），同时也将一些主体置于这一机制之外。例如，当专业照护人员感觉与某些老年人的关系比与其他人的关系更亲密的情境下，双方处于积极的情感机制之中。而当老年人的私人住宅充杂乱无章或是卫生状况不佳，并且在老年人和专业照护人员之间造成尴尬或是厌恶时，一些老年人可能被置于机制之外，由此导致情感的疏离。

在资本主义制度下，为照护付费——对于接受照护者、家庭成员、公司或是国家而言——改变了人们彼此之间的关系。照护商品化有着多重含义，其一指的是社会系统的宏观层面；哲学家 Nancy Fraser（2011）就提出，照护商品化损害了我们

① 在这里，亲密被理解为涉及私人领域的身体照护和情感照护，但不涉及性关系。

② "陌生人"概念将在第三章中做深入地解释。

③ 在我对情感机制的理解中，受到 Sara Ahmed 和 Nira Yuval-Davis 的启发（详细内容见第三章）。在此，我们可以说政权界定了合法以及不合法的情感形式。情感机制也有不同，例如冷淡、中立的学术界的情感状态与老年照护的情感照护形成对比。

社会文化的再生产能力。她指出，如此一来，商品化本身会导致了照护危机。资本主义及其变革的另一个含义是对该领域工作者的要求在不断变化。照护机构和国家对他们的工作人员和从业者提出了越来越高的要求，且内容也越来越不一样。Arlie R. Hochschild则明确表达了对适当的情感及管理的日益关注，也就是说，对什么可以被称为是跨职业的“情感劳动”市场的关注。情感劳动“需要个体诱导或是压制情感”，为了维持表面的认同，使他人产生适当的心理状态（Hochschild 1983：7）。Hochschild以本真自我的假设为前提，而这样的自我因情感劳动需求而遭遇压力，导致更加不真实的自我和人格紧张。Michael Hardt将情感劳动界定为：“情感的产物和操作需要，（虚拟的或是现实的）人与人的接触和亲近。”（Hardt 1999：97－98）Hardt由此将情感劳动（效果）扩展到同时强调信息、交流与知识。他将情感劳动概念扩展到涵盖了“虚拟的”人际接触劳动。在老年照护中，此类接触可以通过计算机以人机交互的形式出现，也即远程照护。资本主义越来越依赖于情感劳动，因此潜在地制造了照护工/专业照护人员的“真实”感受与“情感管理”之间的矛盾与冲突。

当下，许多国家在推行市场化策略，私营公司以政府合同的形式提供照护服务。跨国公司也参与进老年照护市场中，并从中谋取利益（Meagher & Szebehely 2013）。在其他方面，有些国家例如意大利通过转移支付形式补贴家庭，让家人可以将它作为收入损失补贴，或是雇佣专业照护人员在家里进行照护。Clare Ungerson辨别出了多种支付类型，包括照护人员津贴、适当的工资、通过照护获得的既定报酬、象征性支付和有偿志愿服务等（Ungerson 1997）。而我们正从三个主要维度应对资本主义的多方面发展：*市场的扩展、国内市场化的新逻辑，以及资本主义改变其形式并融入更多的情感和交流元素*。

照护已经从占优势的无偿劳动转变为主要由陌生人提供的商品化服务，老年照护市场的扩张是对未能得到满足的照护需求（或是政府外包）的回应。照护工或是专业照护人员可以受雇于营利或是非营利组织，这些组织被认定有着不同的组织逻辑。在大多数福利国家，老年照护是繁荣发展的市场的一部分，即使是在社会民主程度较高的福利国家，老年照护市场也在不断扩大。受新公共管理（New Public Management，简称NPM）启发的国家策略正在不断创造照护市场，并取代之前国家提供的照护（Meagher & Szebehely 2013）。政府对照护的责任是保留了，但是不再“生产”照护。因为照护服务外包给营利或是半营利性组织，或是以补贴的形式由家庭提供。商品化和资本主义同样在发生着变化，也改变了人们对“好工作”的需求。

老年照护市场的扩张在期望、价格以及照护工作条件等方面带来了不确定性。此外，当合同条款或是顾客评价不能满足时，外包服务过程可能会在国家、提供服务的组织以及脆弱的老年人之间制造矛盾和冲突。市政当局就会面临有发展前景的私营照护公司突然破产的情况，从而可能导致没有人来照护老年人。最后，资本主义效率和国家对情感劳动的管理（以及雇员的适当反应）提高了对照护工或专业照护人员的要求。就需求和什么是适当的照护理念而言，一系列潜在的冲突可能会出现。因此，照护商品化的三个要素均有可能导致不确定性，提供老年照护的不同部分之间的冲突，以及对照护工和专业照护人员的合理要求的冲突。下面，我们转向另一个与照护商品化密切相关的进程——职业化。

职业化与知识、照护理念和边界的冲突

照护的另一个变化是，它从家庭内部转移出来并与特殊知识形态相结合（Hänsel 1992）。变化并不是新生事物，几个世纪以来，从早期医院和疗养院开始就一直发生着。照护从家庭中外移的趋势往往和两个进程相关联：商品化（如前所述）和职业化[①]。尽管职业化与商品化是强相关关系，但两个进程在分析上是有差异的。职业化过程发生在“……当特殊服务的生产者为他们的专门知识试图建立和控制市场时”（Larsson 1977：xvii）。从这一意义上说，一种职业意味着它创造了一个拥有特殊知识（例如照护）的形象，仅仅从业者具备特殊知识，例如照护知识。因此，职业化进程同样也是关于认可、权力和金钱，也往往被看作是为了追求更好地位的策略。这一进程体现了教育的规范化，其中包括在工作场所的培训。拥有一种特殊类型的知识是 Weber 所称为的“知识垄断”（Weber 1976 [1921]），其他学

① 关于国家规范和新自由化下的再职业化和去职业化，我将在第五章中作更为详细的讨论，因此在本节中我不再讨论该问题。

者则在一种职业特征中加入了自治性(Parsons 1964；Freidson 2001)。照护从一种业余状态向着职业化方向的变化被视为是有益的，因为它有利于了解疾病和衰老(适当)知识以提高照护水平。让我举个例子：专业照护人员如果注意到2型糖尿病的早期症状，从而确保能及时诊断，以及对饮食习惯及早进行干预，最终可降低血栓症的发病率。然而，职业化通常是指赋予特定形式的知识以特权，但在照护过程中，往往忽略了有关照护对象的其他知识，比如脆弱的身体以及生病身体的知识，以及特定个体的性别、种族和社会阶层的相关知识。为了成为并被视为一种职业，需要强调对特定知识形态的掌握，尤其是对理论知识和普遍知识形态的掌握。正如女性主义哲学家和社会学家告诉我们的那样，它意味着与脆弱群体和照护人员身体相关的特定形态的知识较少得到重视(Martinsen 1994；Witz 1992)。因此，职业化意味着照护不太能够适应脆弱群体的特殊需要，因为抽象知识的优先地位不允许更多的基于实践的知识得到重视和应用。因此，职业化是一把双刃剑，因为它拥有优先于其他的特定知识形态的特权。

职业化可能导致各种职业之间以及传统的、成熟的职业群体和新生的福利性行业从业者之间的冲突，例如医生和护士之间，或是护士和有资质的社会及健康助理之间(后者是指丹麦的各种类型的辅助护士)的冲突。冲突发生在职业领域，在最吸引人和最不吸引人的部分发生着，当数个职业群体为确保老年照护工作中最具挑战性的部分例如康复时，就有可能引发冲突。例如，护士、理疗医师或是具有资质的社会和健康助理是否应更多地承担指导和训练老年人的责任，以确保他们能够自行完成更多的日常事务？不同的职业群体均努力塑造一种资质和知识基础最适合老年人康复任务的形象。其他的冲突是关于避免那些被看作是“肮脏、危险和有辱人格”的照护任务，并将它们分配给最不享有特权的群体。

职业化进程常常被看作是寻求塑造职业形象的自下而上的群体行动。然而，这样的进程同样可能由国家推动。事实上，Foucault认为国家和职业群体间存在着相互依存的关系，国家需要他们的专业知识来规范和管理人口(Foucault 1991；Johnson 1995)[①]。福利性专业人士成为权力技术的一部分，帮助国家将公民培养

① 国家也可以像欧盟那样处于更为区域化的层面。近来，我们发现欧盟通过资助一个小型项目“欧洲照护认证”(European Care Certificate，简称ECC)来构建职业基础。关于这一点的详细说明，请参见第五章。

成有序的、健康的社会人。举一个例子，当前丹麦部分医院中的一些患者在出院前被要求先咨询预防护士。在这过程中，护士告知并激励患者尝试重新考虑他们的饮酒及/或吸烟习惯，并从根本上作出改变(Dahlager 2001)。职业人士使国家的健康政策目标成为他们自己的目标(Larsen 2013)，由此，福利性行业同样也参与到权力的运作中，不仅仅是作为知识渊博的专家，同时还是国家及照护和健康制度的组成部分。在这种情况下，职业人士和老年人之间的关系可能成为不同形态的知识及权力争夺的要点。然而，不同职业群体之间也会出现矛盾与冲突，因为职业化进程体现了特定的知识理念和"良好照护"的有机构成，在职业化过程中捍卫了与其他职业或群体的界线。

总而言之，职业化改变了照护，它通过拥有比其他人更多特殊形态的知识以及通过激发关于照护理念和职业化边界的争议来改变照护。照护理念可以通过不同的方式来想象，例如辅助性照护[①]对比康复照护、预防性照护对比减轻痛苦的照护。职业和照护理念结合在一起必然会引发冲突。现在，让我们转到后现代化，来看看这一时代的到来是如何改变照护格局的。

个性化、后现代家庭和老年人形象的变化

后现代时期，或者高度现代化时期，是个体、家庭以及老年形象发生变化的时期。极端的自我反思通常被看作是后现代化的特征，自我是一个具有持续性、反思性的工程(Giddens 1991)。有人认为，个体会持续监控自身的行为，并且要面临无数的人生选择。然而，后现代化很难与其他一些与照护变革相关的进程划定界限，例如全球化进程和新自由化。在 Giddens 看来，后现代化指的是在多个层次上发生的变化及其相互作用，也即全球化和亲密关系(Giddens 1992)，即日益增长的全球性文化、技术和人员的流动与不断变化的个人特征紧密相联(Giddens 1991)。在全球化进程中，后现代化无法单独拿出来分析，因为它是变化的关键要素，新自

① 通过补充照护，专业照护人员将重点放在照护上，作为对老年人不能靠自己完成的事情的补偿，例如当他们用吸尘器清洁地面时。

由化也同样可以如此来理解。作为消费主义的新自由化包括做出选择，后现代化也是如此 (Jones & Higgs 2010)。尽管有这种保留意见，我在论述后现代化问题时将暂时不考虑新自由化和全球化进程。

个体在变化，作为社会基本单位的家庭在变化；而诸如同居、单亲母亲家庭、同性夫妇和父母、从前一段婚姻“额外收获”的子女等现象的出现，改变了形成和组织家庭的方式。随着家庭的变化，人们对老年人的想象和期待也发生了变化。老年人的形象是多元的，从延长工作年限到一种“积极的老年生活”(“60 岁是新 40 岁”)和闲暇的退休生活，从祖父母状态到晚育，从保障性住房到海滨退休社区(Jones & Higgs 2010:1515)。家庭越来越多元化，老年照护也是如此。后现代化给社会带来了差别化冲击，在社会的某些部分，它是基于预先存在的、传统的方式看待世界，而在另一些部分，后现代化则是占主导地位的规范。从英国社会学家 Susan Pickard(2010)关于非正式照护者的研究中可以看到这一点。Pickard 指出，部分家庭用更为传统的、宿命论的思维方式看待照护和照护义务，而另一些家庭则显示出了关于选择和作为照护者的自我实现的更为后现代化的话语。照护并不仅仅是个体所做或是感到必须做的事情，有时人们会主动将它作为一种责任，但有时也会为支持其他生活计划而抵抗它(Pickard 2010:484)。

同样，家庭也在发生变化[①]，尤其是中产阶级女性带薪工作比例的不断提高，改变了家庭的生活方式。我们目睹了占据优势的双薪家庭模式取代了单方养家糊口的家庭模式，相应的，女性和男性一样成为负担家庭生计的人，也即夫妻双方均从事着有报酬的工作。当前，尽管女性同样成为负担家庭生计者，社会仍然对她们承担照护孩子和年老父母或是公婆的责任充满期待。由于母亲是工薪劳动者，丹麦 20 世纪 80 年代及以后出生的人口在童年时期几乎都上过托儿所和幼儿园(Dahlet al. 2015a)。学前教育的机构化照护似乎改变了学生进入护理学校时本应具备的照护资质。丹麦社会科学家 Tine Rask Eriksen (2008)在 1987 年和 2002 年分别研究了护理专业学生的照护资质水平，基于问卷调查和访谈，Eriksen 指出，由于社会化过程的改变，照护专业学生有着不同的资质。由于母亲的带薪工作，家务劳动越来越多地在家庭中呈现出可见的、协商的和委派的特征，而托儿所和幼儿

① 与性别化和去性别化有关的问题将在本章的下一节中单独讨论。

园的照护工作则已经机构化了。这意味着照护专业学生虽然拥有较好的沟通能力，但是他们缺乏实际照顾弟弟妹妹的意识和经验。Eriksen 由此得出结论，要么是照护资质的缺失，要么是依照后现代方式来实施照护(2008:40)。在另一项关于护理学校一年级新生的研究中，挪威社会科学家 Karen Jensen 和 Bodil Tveit (2005)发现，在强调个人主义、隐私、追求生活意义的青年文化与强调利他主义的护理学校文化之间存在冲突。与 Eriksen 的结论相反，Jensen 和 Tveit 提出，通过专业训练可以使冲突得到缓和，将学生重新导向到他人需求和关注上来，部分学生也因此经历了个体变化(Jensen & Tveit 2005:169)。与 Jensen 和 Tveit 乐观主义态度不同，Eriksen 似乎关注与身体相关的照护资质，她对护士的实际照护能力的下降持悲观的态度，认为可能会引发亟需照护的老人和提供照护的职业人士之间的矛盾。

作为后现代化的一部分，老年人的形象也发生了变化。过去，老年人被定义为处于社会的边缘，是病态的、保守的、需要照护的群体。老龄问题越来越成为我们关注的中心，不仅仅是与健康问题有关。我们发现了老龄化的一种新范式，它预示着积极的和健康的老年人，强调老龄化过程中令人愉悦的一面，而有关依赖和孤独的话题却被忽视了(Dahl 2005)。老年人被视为没有疾病和残障，成功老龄化理念由此得以提倡(O'Rourke & Ceci 2013)。这一范式结合了关于健康老龄化、独立生活、成功老龄化以及长寿的话语(Jones & Higgs 2010:1516)，也对照护需求进行了重新定义，赋予老年人恢复自主性并尽可能延长健康生活的希望。然而，强调老年人被迫保持健康和持续活跃的理念也存在不利的一面(Dahl 2012a)，即成为一名有活动力的老年人变为一种道德义务而不是一种选择。

后现代化在几个方面改变了照护的条件，它不是一个同质性进程，而是以不同的速度冲击着社会的不同方面，并以各种方式影响着世界的不同地区。人们共同生活的形式越来越多样化，可能会潜在地引发关于照护的争议和冲突，因为越来越不稳定的家庭安排给照护义务带来了压力。此外，学前教育的机构化照护意味着在制度化的环境中，越来越多的人是从专业照护人员或照护工那里而不是像传统社会那样从家庭中学习照护知识。这可能是造成照护提供者和需要照护者之间关系紧张的原因，因为照护期望和所需的照护资质之间可能出现不匹配的情况，导致关系紧张的进一步原因可能源于将照护需求重新界定为积极老龄化下新的老年人形象。当代社会，老年人在道德上有义务保持活动力，包括积极预防疾病和退化，而新的照护理念可能会引发各方的抵抗。接下来，让我们进一步讨论作为后现代化重要组成部分的一种社会进程，但需要它自身的独立分析：性别化和去性别化。

性别化与去性别化的照护

女性主义和女性主义社会运动将女性的注意力转向女性权利与平等，通过将新问题引入政治议程，成功地重新界定了政治领域的边界，诸如针对女性的暴力（当前：亲密伴侣间的暴力行为）以及同工同酬。女性主义抗争还包括试图改变照护的性别划分、照护的地位（Fraser 2013），以及更普遍意义上的性别认同。女性主义有着多副面孔，在过去的几个世纪中出现在不同的社会潮流中。在此，我并不关注将女性主义作为一种社会运动而进行的大量研究（Dahlerup 1986）。相反，本节关注的是女性主义和其他社会力量在照护的性别化以及去性别化方面所产生的变化，以及它们如何与不断变化的老年照护条件相关联。我将性别化看作是一个非固定的进程——与澳大利亚研究者 Carol Bacchi 和 Joan Eveline 的观点一致，他们将性别化看作是"一个不完整的和部分的进程"，在进程中，身体和政治往往变得有意义（Eveline & Bacchi 2005：502）。

去性别化是一个相反的进程，在进程中，人们努力将性别与带有性别标志的身体分离开。去性别化是一个使更为传统的女性气质和男性气质获得自由的进程。总的来说，人们一直在推动"去性别化"（Connell 2011），但是性别化在后现代性中仍发生着。社会的各个领域及各个层次都同时具有变化性和稳定性双重特征，将再次使得不和谐和不安全变得更加可能，进而在理解特定情况的不同方式之间制造矛盾和冲突。

以上指出的是自下而上的社会变革，但是性别平等政策也一直从上而下推动着男性气质和女性气质的改变。许多民族国家以及欧盟以各种组合实施了不同形式的平等政策，例如配额、父母育儿假、性别主流化政策等。从这个意义上说，性别问题已经成为政治的一部分，如今也已经成为全球政治议程的一部分（Squires 2007）。通常来说，女性主义强调女性自治，以及建构基于她们思想和身体之上的女性权利。因此，女性已经背离了女性作为全职照护者和男性作为负担家计者模式的理想(Fraser 1997；Lewis 2001)。已婚/同居女性不再被视为唯一的照护提供者，而是在带薪工作的同时承担着部分的照护职责，政治学家 Joan Tronto 把该现象贴上了“性别革命”的标签(2013)。这确实是很大程度上的变化，尽管它并没有像“革命”一词所表现的那样有爆发力。历史学家 Joan Scott 提醒我们(Scott 1996)，自法国大革命以来，争取性别平等的努力一直在进行中。在过去的三十年间，它的强度不断增大，并与其他一些社会力量并肩而行(同样见于 Fraser 于 2013 年对此进行的讨论)。性别革命仍在继续，改变着男女两性的性别认同。对女性来说，它引入了例如“照护或者不照护”的问题，并抵抗了女性化的道德义务准则。

对男性而言，变化更加不确定。这种推动是否已经摒弃了 Tronto(1993)所称为的“享有无须承担责任的特权”(privileged irresponsibility)是一个悬而未决的问题，却也是一个公众化的问题。这一概念意指许多男性在照护他人方面享有的豁免特权。传统意义上，男性基于他们的特权和性别地位，被看成能够合法地无视/忽视他人的照护需求。Connell 指出，跨国企业中男性气质已经占据霸权地位，它的特点是利己主义，有条件的忠诚和对他人的责任感下降(Connell 2005：44)。如果是事实，那么“享有无须承但责任的特权”仍将占作为据霸权地位的理念以及男性群体的共识而存在。

在北欧五国，即丹麦、芬兰、冰岛、挪威和瑞典，去性别化的推动力一直比世界其他国家更强劲些，很可能与他们“对平等的热情”相关联(Hernes 1987)。但是并不意味着性别制度已经被摒弃，取而代之以性别中立社会。不管怎样，一种新型的男性照护气质出现了(Holter 2003)，尤其是与父亲角色相关的方面，强调父亲的在场和父亲对家庭的关心(Mosegaard 2006)。男性与照护的关系发生了变化(Hjort & Nielsen 2003)，斯堪的纳维亚半岛的斯堪的纳维亚航空公司(Scandinavian Airline Systems，简称 SAS)在报纸上刊登了一则广告，恰如其分地说明了父亲形象的变化。这则广告是关于准时的故事，航空公司的准时不仅可以让商人们参加他们的会议，而且可以便于他们回家为孩子读睡前故事，一个充满爱心的父亲形象在商人中大行其道。

占据统治地位的传统的女性气质和男性气质正在发生变化[1]。然而，也存在一些既定的性别认同的再生产，尤其是在机构化的老年照护方面。在此，我们见证了高度性别隔离的劳动分工，老年照护具有显著的女性职业特征，而男性从事老年照护工作的可能性仅发生了微小的变化。当今的北欧国家中，机构老年照护人员或是照护工中，男性约只占10%(Andersson 2012; Hougaard 2014，丹麦统计，个人沟通)。尽管这些国家发起了积极招募男性照护人员的政治运动，但是从事老年照护工作的男性数量仍然很低(Hansen & Hjermov 2000; Andersson 2012)。在老年照护部门，去性别化的推动力一直相对较弱，照护工作仍存在着强烈的性别歧视(Warming 2012)。与女性同事相比，管理人员和接受照护者常常对男性专业照护人员抱有更高的期望。尽管官方讨论的是性别平等，但无论是管理人员还是接受照护者都会产生性别期待。例如，老年女性给男性和女性赋予不同的特征(Andersson 2012)，男性专业照护人员可能会被怀疑性取向——他们被认为是同性恋(Warming 2012)。

去性别化的推动力对不同形式的照护产生了不同的影响。针对儿童的照护已经发生了变化，就如我们在"关怀商人"的广告中所看到的那样；与之相比，机构化的老年照护，在希望招募更多的男性成为专业照护人员方面仅仅经历了细微的变化，老年照护状况并没有发生具有深远影响的变革。如果我们考虑到后现代社会中地位差异的日益不合法性，这样的结果实在令人惊讶(Fraser 2003)。改变性别认同并不一定导致冲突，除非这些改变被认为是有争议的或是有威胁的。另一方面，性别平等方面缺乏变化，例如，持续的低地位低薪资及错误认知，可能会为员工外流和冲突提供动力——就如我们已经在丹麦看到的那样(Dahl 2009)。

---

① R. W. Connell(1987)提出了霸权男性气质，并将其定义为"始终根据各种从属的男性气质以及女性气质而构建"(Connell 1987:183)。之后，他与另一位社会学家一起对这一观点进行了修正和说明(Connell & Messerschmidt 2005)。

全球化与移民

全球化是一个关于其产生，内容和影响等方面都富有争议的概念（Giddens 1999；Walby 2009）。正如Bourdieu指出的那样，通过将它变成一个名词，全球化成为去政治化的目标（Bourdieu 2010：200）。因此，为了避免去政治化，我将使用概念的动词形式，采用Walby（2009：36）将全球化作为一个进程的定义："与地方和国家互动相比，国际社会互动的密度和频率增加。"全球化往往被认为是将我们推向超越时间和空间的非嵌入式的进程（Giddens 1991），从而实现一种超越空间的状态。然而，大多数的照护需要的是当时当地，它们不能被延迟或是转移到另一个地方。就其本质而言，照护要求的是实际的存在、持续的关注，留意个体的需求以及他/她的脆弱性，并完成各种各样的重复性的、平凡的、还常常是令人不快的任务（Cooper 2007；Tronto 1993）。在这一意义上，全球化在各个方面扰乱了既定的照护实践。

全球化往往被看作是包含着若干个变化要素，也即经济、政治、文化和科技的进程（Giddens 1999：10）。与照护最相关的全球化进程是全球不断增加的移民及其女性气质，以及这些进程是如何与老年照护关联在一起的。女性主义社会学中，全球化如何增加移民女性化的方式受到关注（Koffman 2003）。尤其是来自贫穷国家的女性移民，她们越来越多地来到北半球工作，而将她们的子女留在原来的国家，由家庭或者有偿照护者照护。为了描述全球化的负面影响，美国社会学家Arlie R. Hochschild（2001：131）提出了"全球照护链"概念，她将其界定为"基于有偿或无偿的照护工作，全球各地人们之间的一系列的个人联系"。

鉴于"全球照护链"概念起源于对离开自己孩子却照顾他人子女的女性的研究，尤其是在美国。但是，这一概念也可以分析性地延伸到世界的其他地区、其他群体，比如留守老年人以及在北半球照护老年人的女性和男性移民等。然而，与照护相关的移民并不是一个新出现的现象（Yeates 2009）。一个新现象是，西方国家/北半球国家所需的照护对来自贫穷国家的女性移民的依赖度有所降低。相关研究表明，照护链制造了在这背后的个体/家庭的痛苦，减少了女性移民离开社区后的社会联系，从而引发了新形式的照护挤压（Isaksen et al. 2008；Gheaus 2013），因为"照护流失"主要发生在南半球。

然而，还存在地区间的照护链。从欧洲内部的照护移民中，我们发现了东欧国家移民到富裕的西欧，并在照护机构中工作（Lutz 2011；Isaksen 2010，2011）。亚裔学者也为我们指出，不断增长的区域内照护移民从欠发达国家迁移至高收入的亚洲国家。比如，来自菲律宾及印度的护士和照护人员越来越多地移民到新加坡照护老年人——在老年人家中和照护机构中工作（Huang et al. 2012）。

全球化进程和区域进程在跨国家庭中制造了新的照护形式。因此，移民（照护）工人产生了新的家庭形态和归属感（Lutz 2011）。一种新的跨国界的母亲角色出现了（Avila & Hondagneu-Sotelo 1997；Parreñas 2001；Sørensen 2002），一些观察者将其贴上"网络母亲"的标签（Lutz & Palenga-Möllenbeck 2009），包括通过网络电话、手机短信、电子邮件等与家人沟通。或许我们还将看到"网络女儿角色"/"网络儿子角色"（也包括姻亲）的出现，即女儿和儿子移民时，将他们的父母或是公婆/岳父母留在原地。

迄今为止，我们已经目睹了照护人员的移民。同时，我们还发现一些并不富裕的老年人移民，他们离开自己的母国而迁移到另一国家的养老院中。例如，大约有2000 名德国老年人生活在波兰（Frankfurter Allgemeine Zeitung，13 April，2013），因为那里的开支远低于德国。在德国，并不是所有的老年人都能够负担得起本国的老年公寓/养老院，因此他们尝试着寻找能够负担得起的替代方案。这一趋势引发了多个问题，其中之一是那些能够负担得起的留在母国与那些负担不起的离开母国的老年人之间的差别越来越大。另一个问题聚焦于欧洲特定区域内不断增长的照护负担，部分国家例如波兰，在需要照顾本国的老年人的同时，还需要照顾那些不属于他们社区或是国家的陌生人。

一方面，全球化和区域化进程改变了照护，减轻了富裕国家及其背景下的照护挤压。而另一方面，全球化也为家庭成员或其他亲人间的照护及照护关系制造了更加困难的条件，在那些输出照护工和专业照护人员的社区中产生了新的照护挤压。照护相关的移民可能会产生不安定因素，当外籍照护人员的国外就业许可证或是签证过期时，会引发她们对未来生活计划的不安全感。当具有自身文化或职业价值观的移民遇到不同的文化或者制度背景时，不同的良好照护理念之间可能会产生碰撞或冲突。欧盟内部的移民在国家之间制造了一种竞争形式（至今为止并没有引起注意），即谁能提供最实惠的照护，波兰和德国间的竞争就是一个例子。

官僚体制化

当照护脱离了家人及其他亲属的掌控与思考时，它就进入了不同的制度环境中。这可能是国家亦或市场，两种性质的照护均须考虑制度环境和官僚体制的主导逻辑，进而改变了照护的特征。德国社会学家 Max Weber 用理想类型的典型术语将官僚体制定义为一般规则（公正），劳动分工（专门知识）和等级（控制）（Weber 1976）。起初，它是一个在科学上被认为是优于之前的组织形态的模型；在其后的发展中，"官僚体制"成为一个"意味着低效率"的词汇（Dahl 2015；Fine 2007；Gay 2013）。在此，我将重点放在官僚体制化的进程上，将照护引入国家范畴，治理和改造它，并把市场排除在外。当进入国家治理领域，照护就进入了一个新的制度环境中，它由官僚体制及国家在特定时期的逻辑所塑造，进而塑造着思考和治理的形式，我们称之为"官僚化逻辑"。

然而，逻辑可以更为具体化，关注照护的目标，或者可以说照护的理念（Dahl 2000；Hochschild 1995）。例如，老年照护可以描述为是对照护方式的关注，即是对老年人无法自己完成的事情的补偿，例如当有资质的家庭帮工用吸尘器打扫地面时。或者，另一种不同的照护理念可以被描述为"康复"，即公民应该通过调动他们自身的资源来发展、恢复或防止其功能和能力的退化（Kjellberg 2012；HMD 翻译）。有资质的家庭帮工可以运用康复逻辑来激励和训练老年人自己用吸尘器打扫地面，或者利用一些物理性设备以减少弯腰或是举起。两种不同的逻辑导致不同的照护者身份与实践。有时，逻辑间可能会发生冲突，因此，它们之间的相互作用是一个经验问题。

官僚体制化涉及规则，它必然要求将照护程序进行编纂和标准化，这是将规范语言引入照护的过程，或是创造一种描述照护的规范语言。标准化可以理解为使照护得到统一的过程，照护实践在时间和空间上具有可比性，可以提高照护的可预测性，减少不必要的变化（Björnsdottir 2013：2）。当照护被编纂，它也就进入话语体系，也即进入了现有的公共视野和词汇中。因为沉默，照护无法拥有自己的声音，要么将照护嵌入已有的词汇中，要么我们必须扩展现有的词汇，要么创造新词汇。在语言中引入"无言的照护"——一个由 D. Stone (2000)提出的概念，可能会产生冲突。其他人则使用"未被察觉"的照护方面的概念(Ahrenkiel et al. 2013)。编纂照护，不仅可能会引发有关表达照护的适当方式的问题，而且在照护标准方面也可能会引发冲突：需要有标准吗？如果是如此，需要什么样的标准？标准对照护实践会产生什么样的影响？基于对丹麦情况的研究，标准化或是同质化的照护服务在多大程度上忽视了照护需求者的个性化需求？总而言之，标准和对标准的遵守意味着动手照护的时间缩短了。

官僚体制化不同于新自由化，我将在下文中更为完整地勾勒这一概念。官僚体制化是根据公正和民主的理性原则以及标准，在国家内部进行决策的理性方式。官僚化体制被认为能确保官僚和福利专业人士的决策和行动的稳定性、连续性和一致性(Gay 2013)。新自由化则是以国家为前提——一个官僚体制国家。然而，新自由化的出发点是对国家及其可能控制的官僚体制进行批判，它创造出一个特殊形象：繁文缛节和低效率的官僚体制化的国家。与此同时，新自由化倡导一种意识形态，即通过减少规范和提高效率来治愈病态的国家。在一些国家，官僚体制化和新自由化有着截然不同的进程；而在另一些国家，它们是重合的，可能会使我们很难将它们区分开。在北欧福利国家的实践中，这两个进程相辅相成，因为以绩效为导向的国家也需要建立一种官僚体制的标准和规范(Dahl & Rasmussen 2012)。接下来，我将注意力转向新自由化。

新自由主义与新自由化

新自由主义已被在很大范围上滥用使用(Larner 2000)[①]。基本上，我们能识别出对新自由主义的两种截然不同的理解。一种是将新自由主义看作公共政策和国家内部的组织化变革(Hood 1991；Christensen & Lægreid 2007)，这一理解在新公共管理(NPM)的概念下发挥作用。另一种是从意识形态、话语以及治理角度来

① 我将在第五章回到新自由主义的问题和概念上来。到时，我还将回到新自由主义更为模棱两可的方面。

理解新自由主义(Dean 1999；Larner 2000)，它并不关注国家具体的改革，而是更多地关注我们思想、词汇和实践中的(政治)变化。我个人对新自由主义的理解受Foucault的启发，更为明确地说，是受美国政治理论家Wendy Brown的启发。她将新自由主义定义为一种新的政治话语，将市场逻辑延伸至所有制度和社会行动中，将国家重新定义为从属于经济，并产生善于计算的主体而不是遵守规范的主体(Brown 2003)。简而言之，新自由主义是关于市场化、自我责任化，以及提升家庭和市民社会的作用的(理论)。

我试图避免笼统地理解新自由主义。相反，我们需要将其视为一套移民逻辑，其灵感来自加拿大政治学家Aihwa Ong将新自由主义看作是一系列的移民实践的观点。在这一特定的理论见解中，尽管新自由主义包括那些超出国家本身的现象，但我将分析重点限制在国家范围内。通过由Dean，Brown和Foucault提供的视角研究照护，并不意味着我会忽视有关新公共管理(NPM)的文献以及特定制度背景下的具体变革的研究。它们对于认识新自由主义的全球话语在不同背景下的差异化的诠释方式具有重要意义。新自由主义是一种新的逻辑，充斥着我们的身体和思想，从而改变了我们争论和识别自身和他人的方式。此外，新自由主义也是一种新的治理方式，比通过规范和惩罚来治理更为微妙。它是持续进行的社会进程，因此被称为“新自由化”。

近三十年来，作为一种新的规范形式，研究越来越多地考虑新自由主义是否正在进入一个新阶段和/或是正在衰落。一些学者指出，新公共管理已经步入中年，并以日益普遍的悖论为特征(Hood & Peters 2004)，而其他一些学者则宣称新公共管理已经“终结”，认为我们已超越了新公共管理和新自由主义(Dunleavy et al. 2006；Christensen 2012；Larner & Craig 2005)。然而，新公共管理没有终结，它存在于不同层次的规范中。随着矛盾的日益普遍，我更喜欢称之为“我们处于新公共管理的新阶段”。伴随着老年照护中常见的选择与自由，我们也有了更多的繁文缛节，这是老年照护中选择增加和外包的直接结果(Burau & Dahl 2013)。在北欧国家，新自由主义强化了照护的官僚体制化。在这些国家，国家责任得到维护的同时，实际的照护实践在不同程度上外包给各类组织或机构(Magher & Szebehely 2013)。公共和私人照护提供者之间的竞争引发了对照护标准化编纂的需求，将相对“无言的照护”带到公共话语中。为确保平等竞争和强制性照护能够得以实施，标准化编纂是必要的。北欧国家在编纂的照护同时也制造了更多的官僚体制化进程:标准化、规则、任务分工、绩效控制。现有的规范描述了需要执行的照护程序,记录和控制由私人及公共照护者提供的照护工作。在资源给定的情况下,同时也是一个减少实际照护的过程,用计划、描述和记录代替部分的照护工作。新公共管理和新自由主义本身也在发生变化,它们将话语之外的思想整合进现有的视野中。也就是说,一种合作正在进行中(Clarke & Newman 1997)。在当前背景下,英国政治学家 Janet Newman 和荷兰社会学家 Eveline Tonkens 认为欧洲的主导规范话语吸收了早期社会运动例如自治的理解和概念,并将其重塑为关于选择、责任和参与的新话语(Newman & Tonkens 2011)。

新自由主义已经且仍然在改变着照护的条件与供给。不断变化的条件通常意味着专业照护人员必须在一个新环境下工作,而且常常不得不重新思考自己的身份。这种新环境在新旧逻辑间制造矛盾,从而导致关于照护内容的冲突。正如官僚体制化正改变着我们对照护的思考和行动方式那样,新自由化进程也在改变着照护。然而,我们不能在真空中思考新自由主义。因为新自由主义是一种动态的话语,随着时间的推移而变化,并被转化进不同的制度背景、政权类型和政治格局。这里的“转化”一词,我指的是将某一概念从一种语言引入另一种语言的过程,同时也将转化传播思想的中介机构考虑其中(Newman & Tonkens 2011:19)。作为社会福利国家的一员,丹麦一直对新自由主义和新公共管理的某方面持敌对态度。挪威政治学家 Tom Christensen 和 Per Lægreid (2007)将它界定为“落跑者”。新自由主义必须融入现有的逻辑中,例如强调公民平等获得服务的普遍主义的主导逻辑。在北欧国家,新自由主义在三个关键方面改变了照护,它打破了介于老年人和专业照护间以及不同知识形态间的权力平衡,它强化了“单薄”的照护概念①,最后,它还强化了自我责任的意识和实践。

在照护情境中,“选择”概念意味着顾客和专业照护人员之间不断变化的力量平衡(Dahl et al. 2015b; Tonkens & Newman 2011)。随着老年消费者在决策过程中占据中心地位,越来越多的权力掌握在老年人手中(Glendinning 2008)。老年人

① 我所说的“单薄”的照护理念,指的是一种空洞的照护形式,其中的元素被遗漏且不提供。此处的“单薄”是“单薄”的照护形式的同义词。我在之前的一篇文章(Dahl 2012a)中介绍了这一理念。

被视为具备渊博知识、能力和自由选择权的个体，能负责他/她自己的生活，能够在与国家、照护机构或是照护公司关于照护质量和常规事务的谈判中做出理性抉择。这改变了老年消费者与专业照护人员之间的关系，与消费者的权力相比，消费者的知识和自主性则被赋予较低的优先权，消费者实际上是在选择“服务供应商”。在不同国家背景下和不同的政策领域中，从业者的服务范围发生着相应的变化。对从业者和消费者之间关系的研究并没有指向任何一个特定的趋势。Tonkens 和 Newman(2011:204-207)指出，尽管从业者所处的总体环境发生了变化，但在欧洲社会背景下，他们和消费者之间的关系可以用三种不同的方式来表述，即经典的、谈判者的和反思性合作的(同上)。第一种方式，在某些国家的一些职业中，尽管进行了变革性尝试，但经典关系依旧存在。在这些国家，从业者仍然是与消费者或是患者知识相关的权威。第二种方式，作为谈判者的角色，在多个欧洲国家中都有体现。在这些国家，公民被视为自身处境中的专家，这一角色改变了他们与照护人员及照护提供机构之间的关系。第三种方式，当项目是共享而非协商时，专业人员和消费者/患者被捆绑在一起，就会产生反思性合作(Newman & Tonkens 2011:2006-2007)。让我们将视线转向审视北欧福利制度下的新自由主义，通过界定自主权的标准以及规范化照护服务的程序，专业照护人员的自主性被降低(Petersen & Schmidt 2003)。

新自由主义还带来了一个新的照护概念：一个“单薄”的照护概念，它是通过“自我照护”概念恰当地表达出来的，是一种空洞的照护。从我的女性主义立场来看，“单薄的照护”概念在术语上是自相矛盾的：当照护意味着看到并承担起帮助其他脆弱者的责任时，个体如何照护自己？新自由主义重构了国家与公民之间的关系，它重新修订并削弱了国家的责任，从而忽略了以前属于国家提供的照护制度的部分内容。照护的某些方面的需求被压制，并从公众视野中消失。稍后我将识别其中的一些元素，它们是如何被压制的，以及国家对身体和空间责任是如何被削弱的。与照护的空洞化密切相关的是新自由主义中的“自我责任”进程。新自由主义提倡公民理应是“积极的”，它是一种责任义务，而不是指一种可能性(Dahl 2005)①。即便是领取养老金的老年公民，他们也应该不断地发展自己。老年人成

① 正如我先前在讨论后现代性时所指出的，一种新的老年形象正在被推行：健康、活跃以及成功老龄化。

为“积极化机制”的一部分，这使得问题转向老年人自己，反思自身应当做些什么才能“跟上”或是“提升自身的技能”。最新的案例是所有丹麦公民有义务通过电子邮件与国家沟通，除非他们能够得到豁免。如此一来，政治问题变成伦理问题：它们是个性化的，是新自由主义的一种矛盾。一方面，国家通过增强规范特征来扩大其管理范围；另一方面，它重新划定了国家和个人共同责任的边界。

如此大规模的变革有时会引发国家层面的政治讨论。然而，国家政治精英们往往是同一跨国霸权话语的一部分，强调选择、自治和成本控制，这些话语在整个经合组织中流行(Marcussen 2002)。因此，冲突更有可能发生在地方层级：在市政当局或是公民私人住宅中，公民面对一个在新的绩效标准制度下工作的专业照护人员。冲突也可能发生在政府代表与照护提供者——公司专业照护人员和自由职业者之间，以及他们和老年“客户”或“消费者”之间。这些冲突与身份、程度及照护形式有关；它们是关于谁应该做什么、应该如何做、以及为谁做。

新自由主义重新定义了北欧诸国的国家责任，虽然可能不像其他欧洲国家那样激进。它一直是个动态的话语，适应了普遍主义的语境，并不断地吸收新元素，比如“质量”以及“积极的公民”(Dahl 2012b)。尽管新自由主义已经成功地改写或甚至重塑自我，但它依旧日益受到冲突的影响，例如强调自由选择和标准化过程之间的冲突，再如日益增强的老年照护规范和不断削弱的国家对老年人福利的责任之间的冲突。将国家重塑为“消费者”的服务提供者，对从业人员和消费者理解自己的方式都产生了影响。而服务提供者和顾客之间的关系，也被重新设计为三个不同的类型：即经典的、谈判者的和反思性合作的，它们在不同方面改变了照护的领域。毋庸讳言，新自由主义与现存的北欧福利国家的逻辑有点相悖，因此，在国家的不同层级的照护中产生了潜在冲突。

不断变化的老年照护背景：不确定性、复杂性与冲突

在本章中，我试图理解北欧背景下老年照护的变迁进程。我并没有简单或单向地陈述进步或衰退，也不会将这种情况诊断为“照护危机”，相反，我将其视为“照护挤压”。“照护挤压”概念本身仍然是对前面所阐述的七个复杂的、相互作用的社

会和政治进程的微妙的概述：商品化、职业化、后现代化、去性别化、全球化、官僚体制化和新自由化。我宁愿避免把不断变化的照护条件当作一种明确的改善——启蒙叙事，或是彻底的恶化，正如许多关注此事的女性主义学者所看到的那样。相反，我们应该从 Faucault 的研究视角来看待“照护”，将它看作是一个不断变化的照护条件，它会带来不确定性、矛盾、抵抗和潜在的冲突。照护是目前争论的关键领域之一，我们正在重新定义我们自身、我们的社会责任以及照护共同体。它是一场关于谁应该去做、做什么、如何做以及为谁做的争论。

这些进程涉及机构和转化，但并非不可避免。七个进程中的每一个都可能发生变化，从而为有关身份和照护理念之间的冲突提供空间。在当前社会背景下，很难概括出七个社会和政治进程的复杂性、交汇点，以及对老年照护构图的影响。因此，我并没有勾勒出终极版的照护地图。七个进程正在持续进行中，难以从经验和分析上加以区分。我将在广义的宏观层面上，用两个点来说明勾勒新的照护构图的难度。第一点说明社会和政治进程的相互加强和相互矛盾——官僚体制化和商品化。第二点我将阐述进程间的相互矛盾——官僚体制化和后现代化。

官僚体制化和商品化是社会和政治进程中一种具体体现，它们一方面相互加强，官僚体制化是一个强调一般规则和情感独立的进程，以实现对老年人照护的公平。商品化则通过将照护转变为一种服务，并出售给“消费者”，照护就进入了“物有所值”的范畴。在这两个进程中，老年人和专业照护人员以陌生人的身份发生着互动，他们只是买家和卖家，或是消费者和服务提供者①。

有些进程的内部模棱两可且相互矛盾，在可能的情形下为冲突制造了空间，是商品化和后现代化的状态。尽管后现代化在减少情感依赖的同时也增加了情感需求，但在这一点上是模棱两可的。商品化也是模棱两可的，因为它同样减少了情感依赖的可能性。随着照护成为一种商品，需要照护人员提供更多的情感劳动，这些矛盾的结果是造成一个充满冲突的局面。

---

① 另一方面，官僚体制化和商品化是相互矛盾的。商品化越来越注重情感表现，从而强调照护者和专业照护人员的不同身份。官僚体制化则不同，它盛行情感中立理念。

参考文献

Ahmed, S. (2004). Affective economies. Social Text, 22(2), 117 - 139.

Ahrenkiel, A., et al. (2013). Unnoticed professional competence in day care work. Nordic Journal of Working Life Studies, 3(2), 79 - 95.

Andersson, K. (2012). Paradoxes of gender in elderly care: The case of men as care workers in Sweden. NORA, 20(3), 166 - 181.

Avila, E., & Hondagneu-Sotelo, P. (1997). I'm here, but I'm there: The meanings of Latina transnational motherhood. Gender & Society, 11(5), 548 - 571.

Björnsdottir, K. (2013). The place of standardization in home care practice: An ethnographic field study. Journal of Clinical Nursing, 23(9 - 10), 1411 - 1420.

Bourdieu, P. (2010). Sociology is a martial art: Political writings by Pierre Bourdieu. G. Shapiro (Ed.). New York: The New Press.

Brown, W. (2003). Neo-liberalism and the end of liberal democracy. Theory and Event, 7(1). https://muse.jhu.edu/article/48659. Accessed 27 July 2016.

Burau, V., & Dahl, H. M. (2013). Trajectories of change in Danish long term care policies—Reproduction by adaptation through top-down and bottom-up reforms. In C. Ranci & E. Pavolini (Eds.), Reforms in long term care policies—Investigation institutional change and social impacts (pp. 79 - 96). New York: Springer.

Christensen, T. (2012). Post-NPM and changing public governance. Meiji Journal of Political Science and Economics, 1(2), 1 - 11.

Christensen, T., & Lægreid, P. (2007). Theoretical approach and research questions. In T. Christensen & P. Lægreid (Eds.), Transcending new public management: The transformation of public sector reforms (pp. 1 - 16). Aldershot: Ashgate.

Clarke, J., & Newman, J. (1997). The managerial state. London: SAGE.

Connell, R. W. (1987). Gender and power. Cambridge: Polity.

Connell, R. W. (2005). Masculinities and globalization. In M. C. Zinn, P. Hondagneu-Sotelo, & M. A. Messner (Eds.), Gender through the prism of difference (pp. 36 - 48). Oxford: Oxford University Press.

Connell, R. W. (2011). Confronting equality: Gender, knowledge and global change.

Cambridge: Polity.

Connell, R. W., & Messerschmidt, J. (2005). Hegemonic masculinities—Rethinking the concept. Gender & Society, 19(6), 829 - 859.

Cooper, D. (2007). 'Well, you go there to get off': Visiting feminist care ethics through a women's bath house. Feminist Theory, 8(3), 243 - 262.

Dahl, H. M. (2000). Fra kitler til eget tøj - Diskurser om professionalisme, omsorg og køn. Århus: Politica.

Dahl, H. M. (2005). A changing ideal of care in Denmark: A different form of retrenchment? In H. M. Dahl & T. R. Eriksen (Eds.), Dilemmas of care in the Nordic welfare state: Continuity and change (pp. 47 - 61). Aldershot: Ashgate.

Dahl, H. M. (2009). New public management, care and struggles about recognition. Critical Social Policy, 29(4), 634 - 654.

Dahl, H. M. (2012a). Neo-liberalism meets the Nordic welfare state—Gaps and silences. NORA, 20(4), 283 - 288.

Dahl, H. M. (2012b). Who can be against quality? A new story about home-based care: NPM and governmentality. In C. Ceci, K. Björnsdottir, & M. E. Purkis (Eds.), Perspectives on care at home for older people (pp. 139 - 157). Sted: Forlag.

Dahl, H. M. (2015). Regulering og velfærdsprofessionelle identitet(er). In B. Greve (Ed.), Grundbog i socialvidenskab—5 perspektiver (pp. 109 - 125). Frederiksberg: Nyt fra Samfundsvidenskaberne.

Dahl, H. M., & Rasmussen, B. (2012). Paradoxes in elderly care: The Nordic model. In A. Kamp & H. Hvid (Eds.), Elderly care in transition—Management, meaning and identity at work (pp. 29 - 49). Copenhagen: Copenhagen Business School Press.

Dahl, H. M., Hansen, A. E., Hansen, C. S., & Kristensen, J. E. (2015a). Kamp og status—De lange linjer i et samtidsdiagnostisk og historisk-genealogisk perspektiv med særligt fokus på forholdet mellem pædagogiske institutioner, professioner og staten. Copenhagen: U Press.

Dahl, H. M., Eskelinen, L., & Hansen, E. B. (2015b). Co-existing principles and logics of elder care: Help to self-help and consumer-oriented service. International Journal of Social Welfare, 24(3), 287 - 295.

Dahlager, L. (2001). I forebyggelsens magt. Distinktion, 2(3), 91 - 102.

Dahlerup, D. (1986). The new women's movement. Feminism and political power in the USA and Europe. London: SAGE.

Dean, M. (1999). Governmentality—Power and rule in modern society. London: SAGE.

Dunleavy, P., et al. (2006). New public management is dead—Long live digital-era governance. Journal of Public Administration, Research and Theory, 16(3), 467 - 494.

Eriksen, T. R. (2008). Fra kropslige erfaringer til forhandlingserfaringer—ændringer i den sygeplejestuderendes omsorgserfaringer fra 1987 til 2002. Kvinder, Køn & Forskning, 17(3), 33 - 42.

Eveline, J., & Bacchi, C. (2005). What are we mainstreaming when we are mainstreaming? International Feminist Journal of Politics, 7(4), 496 - 512.

Finch, J. (1989). Family obligations and social change. Cambridge: Polity.

Fine, M. D. (2007). A caring society? Care and the dilemmas of human service in the twenty-first century. Basingstoke: Palgrave Macmillan.

Foucault, M. (1991). Governmentality. In G. Burchell, C. Gordon, & P. Miller (Eds.), The Foucault effect—Studies in governmentality (pp. 87 - 104). Chicago: The University of Chicago Press.

Frankfurter Allgemeine Zeitung (2013, April 13).

Fraser, N. (1997). Justice interruptus. New York: Routledge.

Fraser, N. (2003). Social justice in the age of identity politics. In N. Fraser & A. Honneth (Eds.), Redistribution or recognition? A political-philosophical exchange (pp. 7 - 109). London: Verso.

Fraser, N. (2011, March 9). The wages of care: Reproductive labor as a fictitious commodity. Lecture at University of Cambridge. http://www.crassh.cam.ac.uk/gallery/video/nancy-fraser-the-wages-of-care-reproductive-labour-as-fictitious-commodity. Accessed 27 July 2016.

Fraser, N. (2013). Feminism, capitalism and the cunning of history. In N. Fraser (Ed.), Fortunes of feminism—From state-managed capitalism to neo-liberal cri-sis (pp. 209 - 226). New York: Verso.

Freidson, E. (2001). Professionalism: The third logic. Cambridge: Polity.

Gavanas, A. (2013). Elderly care puzzles in Stockholm. Nordic Journal of Migration Research, 3(2), 63 - 71.

Gay, P. (2013). New spirits of public management... 'post-bureaucracy'. In P. Gay & G. Morgan (Eds.), New spirits of capitalism? Crises, justifications and dynamics (pp. 274 - 293). Oxford: Oxford University Press.

Gheaus, A. (2013). Care drain: Who should provide for the children left behind? Critical Review of International Social and Political Philosophy, 16(1), 1 - 23.

Giddens, A. (1991). Modernity and self-identity—Self and society in the late modern age. Stanford: Stanford University Press.

Giddens, A. (1992). The transformation of intimacy—Sexuality, love and eroticism in modern societies. Cambridge: Polity.

Giddens, A. (1999). Runaway world. London: Profile Books.

Glendinning, C. (2008). Increasing choice and control for older and disabled people: A critical review of new developments in England. Social Policy and Administration, 42 (5), 451 - 469.

Hänsel, D. (1992). Wer ist der professionelle? Zeitschrift für Pädagogik, 38(6), 873 - 893.

Hansen, T. L., & Hjermov, B. (2000). Integration af mænd og andre minoriteter på social- og sundhedsområdet. Copenhagen: Teknologisk Institut.

Hardt, M. (1999). Affective labor. Boundary 2, 26(2), 89 - 100.

Hemmings, C. (2011). Why stories matter—The political grammar of feminist theory. London: Duke University Press.

Hernes, H. (1987). Welfare state and woman power: Essays in state feminism. Oslo: Universitetsforlaget.

Hjort, K., & Nielsen, S. B. (2003). Omsorg, maskulinitet og forskning i forandring—en indledning. In K. Hjort & S. B. Nielsen (Eds.), Mænd og omsorg (pp. 11–26). Copenhagen: Hans Reitzels forlag.

Hochschild, A. R. (1983). The managed heart: The commercialization of human feeling. Berkeley: The University of California Press.

Hochschild, A. R. (1995). The politics of culture: Tradition, cold modern, post modern and warm modern ideals of care. Social Politics, 2(3), 331–346.

Hochschild, A. R. (2001). Global care chains and emotional surplus value. In W. Hutton & A. Giddens (Eds.), On the edge – Living with global capitalism (pp. 130–146). London: Vintage.

Holter, Ø. G. (2003). Can men do it? Men and gender equality—The Nordic experience. Copenhagen: TemaNord.

Hood, C. (1991). A public management for all seasons. Public Administration, 69(1), 3–19.

Hood, C., & Peters, G. (2004). The middle aging of new public management: Into the age of paradox? Journal of Public Administration, Research and Theory, 14(3), 267–282.

Huang, S., Yeoh, B. S. A., & Toyota, M. (2012). Caring for the elderly: The embodied labour of migrant care workers in Singapore. Global Networks, 12(2), 195–215.

Isaksen, L. W. (2010). Transnational care—The social dimension of international nurse recruitment. In L. W. Isaksen (Ed.), Global care work—Gender and migration in the Nordic countries (pp. 137–157). Lund: Nordic Academic Press.

Isaksen, L. W. (2011). Gendering the stranger: Nomadic care workers in Europe—a Polish-Italian example. In H. M. Dahl, M. Keränen, & A. Kovalainen (Eds.), Europeanization, care and gender global complexities (pp. 141–151). London: Palgrave Macmillan.

Isaksen, L. W., Devi, S. U., & Hochschild, A. R. (2008). Global care crisis: A problem of capital, care chain, or commons? American Behavioral Scientist, 52(3),

405 - 425.

Jensen, K. , & Tveit, B. (2005). Youth culture—A source of energy and renewal for the field of nursing in Norway. In H. M. Dahl & T. R. Eriksen (Eds.), Dilemmas of care in the Nordic welfare state—Continuity and Change (pp. 161 - 175). Aldershot: Ashgate.

Jessop, B. (2008). Karl Marx. In R. Stones (Ed.), Key sociological thinkers (pp. 49 - 62). Basingstoke: Palgrave Macmillan.

Johnson, T. (1995). Governmentality and the institutionalization of expertise. In T. Johnson (Ed.), Health professions and the state in Europe (pp. 7 - 24). London: Routledge.

Jones, I. R. , & Higgs, P. F. (2010). The natural, the normal and the normative: Contested terrains in aging and old age. Social Science and Medicine, 71(8), 1513 - 1519.

Kjellberg, P. K. (2012). Fra pleje og omsorg til hverdagsrehabilitering—Erfaringer fra Fredericia kommune. Dansk Sygehus Institut: power points. http://www.uin.no/omuin/fakulteter/phs/konferanser/Documents/Erfaringer%20fra%20Fredericia.pdf. Accessed 19 Jan 2015.

Koffman, E. (2003, January 21 - 22). Women migrants in the European Union. Paper presented at the conference: The Economic and Social Aspects of Migration, Brussels.

Larner, W. (2000). Neo-liberalism: Policy, ideology and governmentality. Studies in Political Economy, 63, 5 - 25.

Larner, W. , & Craig, D. (2005). After neoliberalism? Community activism and local partnerships in Aotearoa New Zealand. Antipode, 37(3), 401 - 424.

Larsen, L. T. (2013). Governmentalisering af velfærdsprofessionerne. Dansk sociologi, 24(3), 37 - 63.

Larsson, M. S. (1977). The rise of professionalism. Berkeley: University of California Press.

Lewis, J. (2001). The decline of the male breadwinner model. Social Politics, 8(2),

152 - 169.

Lutz, H. (2011). The new maids—Transnational women and the care economy. London: ZED Books.

Lutz, H., & Palenga-Möllenbeck, E. (2009, April 22 - 23). The care chain concept under scrutiny—Female Ukrainian/Polish care migrants and their families left behind. Paper presented at the conference Care and Migration, Frankfurt.

Marcussen, M. (2002). OECD og idéspillet—Game over? Copenhagen: Hans Reitzels Forlag (Magtudredningen).

Martinsen, K. (1994). Fra Marx til Løgstrup: Om etik og sanselighed i sygeplejen. Copenhagen: Munksgaard.

Meagher, G., & Szebehely, M. (Eds.). (2013). Marketization in Nordic eldercare: A research report on legislation, oversight, extent and consequences. Stockholm: Department of social work.

Mosegaard, M. (2006). Nærvær giver fædre autoritet. Webmagasinet FORUM. Downloaded at: http://kvinfo.dk/webmagasinet/naervaer-giver-faedre-autoritet. Last accessed 27 July 2016.

Newman, J., & Tonkens, E. (2011). Introduction. In J. Newman & E. Tonkens (Eds.), Participation, responsibility and choice—Summoning the active citi-zen in Western European welfare states (pp. 9 - 28). Amsterdam: Amsterdam University Press.

O'Rourke, H. M., & Ceci, C. (2013). Re-examining the boundaries of the 'normal' in ageing. Nursing Inquiry, 20(1), 51 - 59.

Ong, A. (2007). Neoliberalism as a mobile technology. Transactions of the Institute of British Geographers, 32(1), 3 - 8.

Parreñas, R. (2001). Mothering from a distance: Emotions, gender, and inter-generational relations in Filipino transnational families. Feminist Studies, 27(2), 361 - 390.

Parsons, T. (1964). Essays in sociological theory. New York: The Free Press.

Petersen, L., & Schmidt, M. (2003). Projekt fælles sprog. Copenhagen: Akademisk Forlag.

Pickard, S. (2010). The 'good carer': Moral practices in late modernity. Sociology, 44(3), 471-487.

Saraceno, C. (1997). Family, market and community, Social policy studies no. 21. Paris: OECD.

Scott, J. (1996). Only paradoxes to offer. Cambridge: Harvard University Press.

Sørensen, N. N. (2002). Transnationaliseringen af husmoderlige pligter. Kvinder, Køn & Forskning, 11(2), 9-19.

Squires, J. (2007). The new politics of gender equality. Basingstoke: Palgrave Macmillan.

Stone, D. (2000). Caring by the book. In M. H. Meyer (Ed.), Care work, gender, labour and the welfare state (pp. 89-111). London: Routledge.

Tonkens, E., & Newman, J. (2011). Active citizen, activist professionals—The citizenship of new professionals. In J. Newman & E. Tonkens (Eds.), Participation, responsibility and choice—Summoning the active citizen in Western European welfare states (pp. 201-215). Amsterdam: Amsterdam University Press.

Tronto, J. (1993). Moral boundaries. New York: Routledge.

Tronto, J. (2013). Caring democracy: Markets, equality and justice. New York: New York University Press.

Ungerson, C. (1997). Social politics and commodification of care. Social Politics, 4(3), 362-381.

Walby, S. (2009). Globalization & inequalities: Complexity and contested moder-nities. London: SAGE.

Warming, K. (2012). Mænd i omsorgsfag, Ph. D. thesis. Roskilde: Department of Society and Globalisation, Roskilde University Press.

Weber, M. (1976 [1921]). Wirtschaft und gesellschaft. Tübingen: J. C. B. Mohr.

Witz, A. (1992). Professions and patriarchy. London: Routledge. www.eccertificate.eu. Last accessed 27 July 2016.

Yeates, N. (2009). Globalizing care economies and migrant workers—Explorations in global care chains. London: Palgrave Macmillan.

第三章　老年照护理论

在老年照护理论中，传统意义上的问题是：*什么是照护？* Tronto（1993）、Bubeck（1995）和 Barnes（2012）等学者就是以如此方式提出了问题，我仅仅是在庞大的理论领域中举出的几个例子。这些学者概括了照护的分析维度（Tronto 1993，2013）、照护圈（Bubeck 1995）、照护中的关系与价值和实践之间的差异（Barnes 2012）。用这样的方式来提出问题，有可能要冒着将照护本质化，却忽视了发生在不同领域及背景下的不同形式的照护的风险。正如我在前一章所阐述的，还可能冒着忽视了照护条件的变化，以及社会政治进程是如何从根本上改变了照护的风险。我们观察到，在商品化和后现代化等各种正在发生的进程中，照护的日益碎片化和冲突的日益激增，在促进分离的同时也促进了亲密。

我相信“*什么是照护*”是一个错误的问题，因此，我想将这一问题颠倒过来，因为如果我们试图考虑不断变化的照护条件和理解照护中发生的种种冲突的能力，那么思考将照护理论化的要求就更为有意义。为了识别冲突，我们需要更加关注权力。多位照护领域研究者认为，我们需要关注照护和权力之间的潜在关系，需要一个更为复杂的权力理论（Beasley & Bacchi 2007；Hankivsky 2014）。通常情况下，如果在有关照护的研究中提及权力，那么在理论上就被认为是主导地位，例如英国社会科学家 Hockey 和 James（1993）着重探讨西方社会居主导地位的话语体系时就有将老年人稚化的倾向。占据主导地位的照护是其理论化的一个重要方面，但是我们也需要注意对主导的理解或照护方式的抵抗，以及不同照护理念间和照护赋予公民权力的方式间的冲突。基于福柯的权力概念，我试图在照护研究中更系统、更广泛地引入权力，强调权力的生产力和压制性的双重特性，以及日常发生的个人和集体之间的冲突。由此，我的问题变成了：*照护条件的不断变化和对权力及冲突的关注是如何重新构建照护理论的？因此，关键问题从“什么是……”转变为“如何……”的问题，将我们的目光引向更为现代的照护条件，引向日益普遍的不同方式和不同地点的照护冲突中。*

基于不断变化的照护条件和权力理论，我认为我们需要重新思考照护，将其视为涉及陌生人的照护集合体，这些陌生人遭遇到构建照护的不同逻辑之间的矛盾与冲突，并成为情感机制的一部分。与其将照护看作是根植于照护关系和照护伦理之中，不如将其理解为照护者提供的、以偶然性和碎片化为特征的照护集合体更有效。而且，与其把家庭环境中家人/亲属提供的照护看作照护，不如将照护的概念扩展为部分由家人/亲属提供，部分由陌生的照护工、专业照护人员或志愿者提供。我们不应在照护和伦理的两难困境中思考，而是需要依据可以凭经验识别的逻辑，亦即那些潜在变化的逻辑，以及它们是如何在理解照护和良好照护的方式上取得优势中思考。如果将同理心和同情心结合起来，那么照护通常被认为是理想的照护。然而，照护不仅仅是个体情感，也不仅仅是积极的、愉悦的情感，照护是情感机制的一部分，包含团结、快乐、感激、痛苦和尴尬等。在此，我将源自不同学科领域和传统的概念整合进一个分析框架中，使我们能够洞悉其中被忽视的冲突。

将照护理论化并不是没有争议的，它包括一个认识论方面的问题。近年来有学者认为，很难概括出任何关于照护的一般性内容，因为我们似乎被特定地点和国家背景下各种类型的照护所淹没。本章论述了对照护进行严谨理论化的必要性，这并不是为了从总体上和一般性角度来界定照护，而是为了从一个特殊的、女性主义立场来勾勒照护，描绘出老年照护冲突的全貌。因此，我试图从自身的特定立场出发来描述当前的状况，并嵌入进现代话语和照护情境中。当然，我不会从一个阿基米德圆之外的特权位置来讨论，而是将描述现存的理论——或者更为具体地说，从现有理论中的占主导地位的方法——我自身的女性主义视角出发，指出其存在的一些不足，以便为另一个照护理论奠定基础，从而突出照护领域中的冲突。

现有的主导理论与重获权力

*“什么是照护?”*在女性主义照护理论中这个问题一直被直接和间接地考虑过(Tronto 1993; Bubeck 1995; Barnes 2012; Martinsen 1994; Noddings 1984; Graham 1991; Wærness 1980,1987),我仅举出了在不断扩大的研究领域中的几位学者。该理论使我们认识到照护是一种特殊的社会现象,而社会科学的创始人却忽视了这一点。Karl Marx 提出了“再生产”的概念,但他只是把它看作是“生产”的先决条件(Widerberg 2007)。再生产本身没有独立的价值,它的注意力集中于“生产”发展背后的政治经济规律上。为了在更普遍的层面上理解行动的动机,Max Weber 引入了四种理性,此外还引入“情感理性”概念。它是一种指导社会行动的理性——因此不能等同于我们今天所称为的“照护工作”。不论是早期的还是当代的女性主义照护理论学者都让我们认识到照护是一种社会现象,需要分析性概念来把握它的各种要素和不同形式、不断变化的条件以及对人类的重要意义。在理论化的过程中,已经建立起一个研究领域,该领域汇集了来自不同照护领域、不同国家背景和不同立场下的研究。然而,这是一个松散地结合在一起的研究领域,当将其标记上“女性主义”照护理论标签时,并不意味着它是一个具有单一女性主义声音的同质性领域①。下面我将描述该领域中最具主导地位的声音,它通常被称为“照护伦理”,当然我也将描述其他不是那么具有影响力的声音。

照护伦理涵盖了最广泛和最古老的照护研究和理论领域,是照护研究中占据主导地位或是最为典型的思维方式。它源于两位心理学家关于伦理规则和儿童发展特征(Gilligan 1982)以及性别重要性的科学争论(Hankivsky 2014)。其后,照护伦理演变成关注照护的道德含义的更广泛的研究,包括现代照护的本土化方面,也包括更为广泛的社会和政治环境;既包括照护态度,也包括照护实践(Tronto 1993,2013;Robinson 1999)。总的来说,该学派并不重视冲突,而只是重视权力。

自美国心理学家 Carol Gilligan 的著作《不同的声音》(In a Different Voice)

① 它不是一个声音,而是在英美世界与北欧国家基于对照护理解的两种不同的基本方案,在某种程度上也是两种不同形式的女性主义。相应的,尽管出现了某种程度的趋同,但仍存在重要的差异。

(Gilligan 1982)出版以来，照护理论一直与道德和伦理联系在一起。从希腊哲学诞生以来，伦理学就一直是道德冲突下个人决策的领域，通常是在不同的、普世价值和规范之间的决策。Gilligan 的著作试图将照护当作一个伦理问题来进行构建，从根本上打破了现有的伦理传统。美国政治学家 Susan Hekman 将 Gilligan 的著作描述为构成对道德和主体理解的认识论上的突破(Hekman 1995)。道德领域扩大了，对主体的理解发生了根本性变化，独立的个体转变为一个与他人处于关系网络中的人。但是他也必须在不同的道德规范之间做出选择，例如，在普遍性规范和更符合情境的特定规范的两难困境间的选择。尽管这是 Gilligan 在特定情境下的见解，但从伦理角度来构建照护意味着照护首先关注个体、义务、规范和关系。如此一来，它也必然受规范维度的约束。然而仅仅从伦理的角度来研究照护，有可能忽视提供照护的条件是如何以各种方式发生变化的。正是不断变化的条件改变了照护决策的背景，改变了仅仅从纯粹的伦理做出决策的局面。完全在伦理框架下理解照护意味着理论学家们无法看清权力和冲突，因为照护伦理关注的是“什么才是正确的决定和行动”，冲突被解释为对立的价值和规范之间的冲突，例如，是否偷走昂贵的药品来挽救母亲的生命或是任由她走向死亡。事实上，这就是 Heinz 在两难困境中难以做出抉择的原因(Gilligan 1982)。

美国政治学家 Joan Tronto 是第一位明确提出与照护相关的权力话题的学者(1993)。她将照护理论化为权力关系(1993)，并展示了权力是如何渗透进照护领域的(2010)。在其著作中，Tronto 将照护作为一种在性别、阶层和种族之间分配不平等的现象进行了研究。因此，权力的差别也是性别化照护体系的一个特征。在她看来，不同专业照护人员之间产生的冲突不是因为价值，而是基于有关资源分配的竞争(1993)。正如上一章所提到的，Tronto 引入了“享有无须承担责任的特权”概念，用以指一些占据所谓特权阶层和性别地位的男性。这些男性忽视了他人的照护需求，且他们无须承担任何责任。从这个意义上说，照护伦理是被性别化的，它使男性至少是部分男性群体的要求合理化，却忽视他人及其照护需求。在之后的一篇研究良好照护要素的文章中，Tronto 提到家长制是对权力的滥用(2010)，并强调机构环境下照护的彻底政治性质。Tronto 的研究将我们的注意力重新定位，从单纯地关注照护伦理转向具有价值和文化的政治和机构上(Tronto 2010)。

在此，Tronto似乎正在远离她的照护伦理和正义视角。对Barnes的观点也存有疑问，例如她同样指出，我们需要“解决不同背景下的照护伦理的相关性和实用性问题”(2012:8)，也就是说，需要反思我们是如何看待照护的。如此一来，照护伦理的研究似乎不像从前那样对照护伦理的基础充满信心。一些学者批评指出，照护伦理忽视了照护和权力之间的关系(Beasley & Bacchi 2007:284)，并呼吁对“权力进行更细致和更复杂的思考”(Hankivsky 2014:159)。

由此，英美照护理论迎来了新变化，即倾向与间接地将照护视为良好或不良行为，例如在照护疏漏或是不足的情况下。Tronto和其他女性主义学者强调照护的重要性及其不平等分配，也就是说，照护的不公平关乎义务、工作和报酬。然而，我建议将分析框架从伦理学转向逻辑学的思维方式，思考权力和竞争之间的冲突。不过，在我们思考其他新的照护理论构建方法之前，先考察其他三个不占据主导地位的照护伦理学派：再生产性劳动(Hochschild 2001, 2003)、社会政策①和双重视角。

我们思维的另外三个束缚

阐述照护者和老年人之间关系的再生产性劳动、社会政策和双重视角的三个学派，尽管在照护研究领域中影响力较弱，但仍然是重要的。关于几个学派之间区别的研究借鉴了现有文献(Barnes 2012)和我本人早期的研究，以确定英美和北欧传统之间的对比。这种对比不可能公正地反映特定研究人员以及来自其他学派的借鉴和灵感，因为当研究者受到其他研究者和新思想启发时，学派间的边界就被打破了。然而在我看来，三个学派仍然各具特色②。尽管各学派都提供了关于照护

① 这种区分不同传统的方法受到Barnes的启发，他区分了现有文献中的三种传统(Barnes 2012)。我运用第四种，即主要是北欧传统，扩大了他的区分，并在他的分类中加入了其他一些理论家的研究。在他们关于照护的政治经济学研究中，Hoppania和Vaittinen则区分了两种传统(Hoppania & Vaittinen 2015)。其他学者区分了第一代和第二代照护理论家(Beasley & Bacchi 2007; Hankivsky 2014)。

② 20世纪80年代，英美和主要的斯堪的纳维国家就双重视角产生了争议，这导致了两大学派之间的自我反思和一些趋同(Dahl 1997)。

的重要见解，但它们忽视了照护是如何成为各种冲突的目标，以及权力是如何嵌入照护网络之中的。让我们从第一个学派，即再生产性劳动来开始以下的分析。

以增强马克思主义对剥削的理解为基础，再生产劳动学派从性别视角出发，聚焦于全球化进程对照护的影响（Hochschild 2001；Isaksen 2007；Isaksen et al. 2008；Parreñas 2001；Yeates 2009）。如前一章所述，该学派研究照护挤压是如何与全球化进程联系在一起，并在全球照护链下创造了一种新的照护形式。全球照护链指的是由一人向另一人提供的社会情感劳动，来自经济贫困国家的女性越来越多地移民至富裕国家工作，她们离开自己的母国，离开自己的子女并将其交由亲属或有偿照顾者照顾。女性移民和她们子女的分离给双方都带来苦痛（Hochschild 2001, 2003），移民削弱了移民输出地区的社会联系（Isaksen et al. 2008）。照护基本上被视为一种再生产性劳动，它从全球资本主义体制下的住家女性移民佣工身上获取，通过将其转化为商品来解决输入地区的居民对照护的需求。剥削和新殖民之间关系由此产生（Sarvasy & Longo 2004；Tronto 2011）。在学派内部，冲突并不是人们关注的焦点。除了分析移民照护者最初的移民抉择外，很少有研究人员关注该群体的其他方面（Spanger & Dahl 2010）。直到最近，这一传统仍没有把重点放在国家角色上（Williams 2011；Spanger et al. 手稿）。

第二个学派关注社会政策文献，研究范围往往比较宽泛。在社会政策文献中，分析注意力放在不同照护和福利制度的宏观层面，以及它们的特征及变化。用Barnes的话来说，有关照护的社会政策文献阐明了涉及照护的政治经济学，性别、个人主义以及集体主义在照护责任分配，政策取向的变化以及它们对具体照护政策的影响方面（Barnes 2012：147）。正如Barnes所说，人们很少把照护当作价值来关注，也很少关注具体的照护实践（Barnes 2012：175）。这一传统似乎正在发生变化，因为它的一个主要倡导者整合并发展了认知理论，包括动员和抵抗来自上层话语的不同主张（Williams 2010）。

第三个学派关注照护的双重视角，既研究照护者/专业照护人员和照护对象的状况，也研究国家在老年照护福利/政策中的角色（Wærness 1987）。例如，双重视角兼顾不断变化的老年照护条件和政策下的照护者和照护对象（Andersson 2012）。

三个学派都试图理解照护及照护工作的含义、动态以及影响，但是也都反映出强烈的社会学偏见。总体而言，它们都提出了关于政治推理和政治理论中伦理或是伦理缺失，福利制度和照护供给之间的相互关系，以及全球化照护的非预期效应，以及从双重视角研究照护的必要性，包括为照护人员提供关爱等方面的重要见解(同样由 Kittay 等人提出，2005)。然而，三个学派也同样面临着知识的束缚，忽视了在新的照护条件下以及冲突加剧下照护的权力、矛盾与冲突，以及抵抗等问题及其规则。

照护的控制权与赋权

照护的相关研究承认了其对权力的关注是不充分的，需要用更复杂以及更精确的方式来对权力进行理论化。在前两节中，我已经展示了四个将照护理论化的学派，由于受知识的限制，这些学派无法洞察权力问题。如果它们意识到权力，那也只是一个既定关系中的权力，或是基于个体或系统方式的权力，例如“无须承担责任的特权”。像 Foucault 那样宣称权力可以是压制性的也可以是生产性的，在如今已经不是什么新鲜事了(Foucault 1980)。女性主义学者和女性哲学家也强调照护的种种生产性要素，例如对赋权的各种理解(Emmet 1953 - 1954；Ferguson 1987；Hartsock 1985；Bubeck 1995)。那么，我们如何拓展我们对权力的理解呢？

Foucault 并没有呈现权力理论，相反，他提出了一个权力分析框架，使我们能够研究不同历史时期的权力及其驱动力。这一分析框架强调权力如同一枚硬币的两面，既有压制性的一面也有生产性的一面。

是什么让权力保持良好状态，是什么让权力能够被接受。事实上，它不仅是作为一种拒绝的力量压在我们身上，而且它跨越时空并制造事件，它诱导快乐，形成知识，制造话语。(Foucault 1980：119)

权力产生新旧两种主体性。它是偶发性的，因为没有人将自己手中的权力当作商品一样握在手中。权力是流通的，就像在一个网状组织中一样(Foucault 1980：98)。这使得权力很难被识别，比传统的权力方法更具有流动性。抵抗不是对权力的豁免，而是权力的一部分(Foucault 1978)。在权力的网络化组织中，有许多潜在的阻力点。权力是由一个个个体来行使的，也许无处不在，且没有终极之处(Hartsock 1985:170)。一位护士在进入一个濒死老人的房间时也进行着自我管控；而一位家庭帮工则监控患有痴呆症的老年人亲属的行为。权力限制个体做某事，因为依据主导话语，这是不恰当的行为。然而，它却有利于以特定的方式做事，因为是在特定情境下从事照护的正确方式。从这一意义上讲，权力是支持照护接受者的。接受照护使他们能够做一些原本依靠自身能力做不到的事情，例如出去散步、吃顿正餐。赋权可以有更具活力的形式，正如Emmet(1953－1954)所强调的那样，在照护领域，赋权可以被视为老年人因照护工/专业照护人员提供的情感提升而增加的能量。

德裔美国哲学家Hannah Arendt指出，权力也是以一种更为集体的方式产生的：

权力对应人的能力，不仅是行动的能力，而且还是一致行动的能力。权力从来不是个人财产，它属于一个群体，并且只有当群体团结在一起时，它才会存在。(Arendt 1986:64)

在这一观点下，一群在议会大厦前抗议的家庭帮工有权要求改变现状。在此，权力是一种共同的能力，但只适用于特殊的团结时期。一旦群体解散，权力就会消失。从更普遍的角度审视权力，把权力看作是主导者和赋予者，拥有无处不在的、潜在的、集体的能力时，就可能会改变了我们对照护的看法。权力贯穿照护始终，而抵抗也可能无处不在。

运用Foucault的批判概念

从早期的女性主义照护理论开始，照护的文化和历史元素就已得到了认可(Finch 1989；Tronto 1993；Wærness 1982)，Tronto指出，被视为照护的东西和被识别并采取行动的需求类型与当代文化和背景相关联。对Tronto来说，这种传统的照护元素被理解为普遍现象中的一个特定组成部分(1993)。照护作为一种普遍存在的现象,被认为是相对容易识别的,且女性主义照护理论揭示了一种相对现实的认识论立场,即我们可以知道什么是照护以及如何去照护。然而,与相对现实主义的认识论相比,最近的照护理论和研究采取了不同的出发点。与前者相反,学者们研究了具体的照护实践,关注不同的照护场所、形式以及国家背景(Cooper 2007;Barnes 2012;Mol 2008)。他们替换了高层次的理论,以便更加关注具体的照护实践和不同的制度环境,例如工作和共同体。Cooper 认为,我们需要研究具体的照护实践,识别普遍存在的照护规范,来替代受高层次和规范化影响的照护理论(2007)。Annemarie Mol 在荷兰糖尿病人照护诊所展开了人种学实地调查,以确定和描述工作实践。在她的糖尿病治疗研究中,Mol 识别了两种不同的实践逻辑:选择逻辑和照护逻辑①。她并没有试图讨论任何在她特定研究之外的照护,然而她希望通过强调患病者日常不良的医疗体验,从而为改善医疗照护做些贡献(Mol 2008:89)。对 Mol 来说,照护的改善可以通过倾听和更加关注每一位病患者的具体情况来实现。从这些个案研究中,我们可以了解特殊领域中的照护条件,以及潜在的谈判和冲突是如何展开的。然而,Cooper 和 Mol 都采取了唯名论的立场来描述照护实践,而将好的或不好的照护规范问题留给在特定空间和时间下参与照护的社会机构依据具体情况来界定。尽管我对该立场表示同情,但受 Foucault 的启发,我将采取一个稍有差别的研究立场。

随着语言向科学方向发展,Lyotard(1984)、Foucault(1978)、Wittgenstein(1989)和 Haraway(1988)反对宏观层面的元叙事。相反,他们认为人们的知识更具有情境性,更适合从一个特定的角度来看。这是否意味着我们将以一个相对主义的立场终结?我相信不会。美国哲学家 Nancy Fraser 和历史学家 Linda Gordon 两人在一篇文章中指出,从 1990 年开始,在现实主义和唯名论之间存在一个中间地带(Fraser 1997:209)。在此,我不准备呈现有关改善老年照护的宏观层面的元叙事——启蒙叙事或是照护危机——末世论叙事,我也不准备接受通常被称为是 Foucault 的唯名论和相对论。相反,我将对当代西方社会和国家提出本体论

① 应该记住,这是 Mol 的一个经验发现。可能还有其他逻辑,例如,我们在当代老年照护中确定的三个逻辑(Dahl et al. 2015)。

的主张。这些主张具有大规模经验性叙事的特征，而不是宏观层面的元叙事。我使用了 Foucault 在他的重要著作《什么是启蒙》(Was ist Aufklärung?)(Foucault 1997)里与 Kant 的互动中提出的批判概念。Foucault 认为，批判与科学领域以及科学家的工作紧密地交织在一起。他指出，通过提出以下三类问题可以帮助我们反思当前的策略，分别是关于真相、合法性伦理以及引入此类策略的理性。批判是关于提出基本性问题，例如，“这是对照护所发生事件的充分描述吗?”——真相问题；“政治上合理的理由在伦理上站得住脚吗?”——伦理问题。最后，“采用不同的政治手段的理由是什么，例如商品化和自我责任?”——理性问题。

尽管将照护理论化作为特定照护实践的基石十分重要，但正像第二章中所概述的诸如新自由化和全球化就业等社会进程那样，显然在不同场所和不同形式的照护中发挥着作用。这是研究者获取需要照护的个体病患者、客户、患病儿童或者老年人无法获得的关于发展知识的方式。从这一立场出发，研究者可以沿着由 Foucault 列出的批判的三个维度提出问题。尽管照护接受者是照护中的重要声音，但研究者可能比他们懂得更多。作为研究人员，我们可以勇敢地陈述更为宏观、更复杂的故事，同时也痛苦地意识到我们叙说的故事的重要性(Hemmings 2011)。因此，我相信研究人员可以讲述更宏大的故事，在锡拉(Scylla)的启蒙叙事与卡律布狄斯的末世论叙事(the eschato-logical narrative)间游走，同时又不会陷入单一的元叙事的陷阱之中。

关联性、照护与陌生人的集合体

将“什么是照护”理论化，一方面似乎对社会科学很重要，因为它便于界定我们正在研究的内容；而另一方面，如果问题停留在一个相当抽象的、系统的层面上，或是停留在逃避照护实践变化的个体责任和敏感性层面上，那么似乎是一个毫无结果的讨论。在前一章中陈述的七个变化进程，为当代背景下照护的概念化以及供给方式提供了可能性条件。如果没有科学地关注这些变化是如何重塑身份和共同体，那么我们就需要拓展我们的视野，改变我们正在考虑的关键性问题。我们须提出的不是“是什么”一类的问题，而应该是“*不断变化的照护条件和对权力的另一种*

理解如何改变我们看待照护的方式?"

前一章中阐述的七个宏观进程通过将照护拆分或分割,制造不确定性和偶然性,并通过其模棱两可且有时相互矛盾的性质制造冲突,从而极大地改变了照护的状态。例如,当照护的商品化使得专业照护人员变得可替代时,当专业照护人员变得更为后现代,更多地关注沟通及自我实现而不是将他们的精力直接投向"他人"时,就会出现这样的情况。后现代化引发了家庭形态的多样化,使得家庭变得越来越不稳定时,也使得家庭关系变得更加脆弱和偶然时,也会出现如此情况。当代的新自由化进程将市场化、顾客选择和自我责任推到了前沿,挑战了专业人员的知识和传统角色。

那么,当条件发生变化,照护变得更加复杂化、碎片化和偶然性时,我们应如何思考照护理论化呢?在众多理论中,照护往往与对照护的二元理解联系在一起。这种研究方法可以追溯到女性主义照护理论的发祥地,即在英国背景下,老年照护主要是非正式的,在私人住所中由家庭成员提供。二十多年前,Tronto批判了这种二元理解(Tronto 1993:103),并引入了"照护网络"的概念,意指缺乏明确的起点和终点(Tronto 2010)。近年来,另一些研究者则使用了"社会关系网络"概念(Mahon & Robinson 2011)。我之所以使用"关联性"一词来替代稳定的联系/关系,是因为它意味着不稳定性、偶然性和灵活性。当越来越多的人参与到对某一特定人的照护时,涉及照护工、专业照护人员、家庭成员和其他亲属间的某种劳动分工。一些人住在附近,一些人的家乡在很远的地方,关联性则更适合此时的状况[①]。"关联性"与照护条件在空间和时间上被后现代化、全球化、商品化和职业化所割裂。

当我试图描述关联性和不稳定性关系时,我采用了法国哲学家Gilles Deleuze和Félix Guattari的"集合体"分析概念(Deleuze & Guattari 1988)。在"集合体"概念下,Deleuze和Guattari一方面在临时和紧急之间寻求平衡,另一方面在结构和秩序之间寻求平衡(Marcus & Saka 2006)。"集合体"分析概念,试图通过强调无序来补充Foucault在话语运用中对秩序的渴望(Legg 2006)。集合体是一个不可预测的连接集合,换句话说,集合体是在充满各种情感的社会中的具体人的混合

① 以这种方式进行照护也意味着对协调的需求日益增强。

(Deleuze & Guattari 1988:90)。随着属地化和去属地化进程的向前发展，它具有偶然的空间存在(Deleuze & Guattari 1988:503－505)①。

使用“集合体”概念，使我们能够将照护视为不可预测的事情(不是在相对稳定的关系中)，且照护不一定总是发生。照护既不是仅仅在亲密关系中发生，也不是仅仅在可交换的个体照护链中进行。相反，亲人、专业照护人员、外来移民照护工和碰巧路过的人组成的集合体才是真正实施照护任务的人。重新思考作为集合体的照护，也就意味着允许集合体在给定的时间点可能无法提供充足的照护。在此，“无法”指的是忽视照护、没有注意到照护需求(Tronto 1993)、或是“照护不足”——当国家出资或是私人购买的照护不足或是存在问题时(Hoppania & Vaittinen 2015)。

集合体分析概念与照护的日益碎片化和“陌生人”的普遍存在相联系。我所说的陌生人，指的是那些之前不为脆弱群体所认识的新人。陌生人可能和脆弱群体同属一个种族或是阶层，但是他们也可能有着不同的宗教、种族和性别背景。陌生人概念源自瑞典社会学家 Katarina Andersson，他借鉴了 Julia Kristeva 和 Georg Simmel 的著作(Andersson 2007:29－30)②。Andersson 认为与陌生人接触可能是积极的，但也可能是一种有威胁性的经历(Andersson 2007:30)。如此遭遇或许会同时创造了新的可能性并再现现有的实践。从这个意义上讲，与陌生人的相遇既可能产生了亲密感，也可能产生了距离感(Andersson 2007:30)。不可预测性是相遇的一部分，因此，焦虑始终与遇到任何一类陌生人相关。

老年人和她/他的需求从陌生人即专业照护人员或照护工那里得到满足时，就

---

① 人们很想利用他们的“根茎”概念，但它的生物学关联构成了一个障碍。根茎创造了一种照护印象，并总是以一种或另一种形式被创造出来，就像一种植物总是会再次出现一样。但如果不是这样呢？当一个人只是受到最低限度的照护甚至被抛弃时会发生什么？在这种情况下，生物学的隐喻对于我们理解当代的照护条件是没有用的。我还考虑了社会网络概念，它是一个在社会科学中很流行的概念，由 Castells 和 Fraser (Castells 2000;Fraser 2008)等理论家提出。Castells 将网络的日益普及与信息流和全球化的社会变革联系起来(Castells 2000)。在他看来，网络社会与信息时代有着强烈的关联。然而，网络一直存在着。Castells 认为社会网络不一定是网络社会理论的一部分。社会网络具有“不断变化的个人”特征(Castells 2000:21)。然而，“网络”是一个积极的价值化概念，在政治话语中被用作关乎于治理的可取之物。我希望在这里避免这种价值化。

② 在此，我应用了比 Marian Barnes 的更广义上的陌生人概念。她的“陌生人”概念仅限于公共领域，即在家庭之外与未知的其他人的相遇(Barnes 2012：105－123)。

有可能是老年人进入或者离开集合体的唯一时间。然而，陌生人可能回来提供进一步的照护，成为老年人亲密的熟人，由此，他们在情感上变得依赖。尽管在集合体中创造出了相对稳定性，但是人们在其中的位置是不稳定的。专业照护人员和照护工来来去去，不具备稳定、同质的身份。这一刻是照护工为老年人提供照护，下一刻他们可能又交换了位置。例如，接受照护的老年人为刚刚失去丈夫的照护工提供一些情感支持。

偶然性也指字面意义上的身份变化。引用一位照护理论家的话，“每一个人在他/她生活的不同时期都是脆弱的”(Rogers 1997)。从这个意义上说，没有固定不变的“专业照护人员”和“病患者”的身份。专业照护人员可能突然变成一个需要得到帮助的脆弱者。因此，我们都是脆弱的，或者正如在本书前言中表述的那样，以“残障”或是“受到挑战”的一种或另一种方式存在着。如此看待我们自身的脆弱性，也就意味着我们需要远离一种不充分的照护模式，即只涉及识别健康及其照护并加以解决(Latimer 2012)。照护不仅仅是修复“某些东西”，Martha Fineman(2008)引入“脆弱性”概念，指的是“人类状态的普遍、不可避免、和持久方面”(Fineman 2008:8)。个体无法避免脆弱性——在生命的某一时期我们都会是脆弱的，当我们还是幼童因病毒的入侵而生病时，当灾难或是意外袭击时，或是由于身体的衰老变得脆弱时。脆弱性将具体化的身体带入画面，关于物质性和身体的讨论在女性主义理论中由来已久。Fineman 关于脆弱性的见解一直受到批判，Beasley 和 Bacchi(2007)指出，她的脆弱性概念忽视了社会机构和权力的作用。他们的观点无法在此处展开，但这无不暗示了一些我已经发现了问题，即在各类照护研究学派中，发现了照护理论化的不足。

不少学者指出，在照护伦理和照护研究中存在着权力问题。然而，没有哪位学者能够提供一种反思照护的方法，从而将权力整合进照护理论中。在本节中，我认为照护不能被视为是由照护关系组成的，而是主张在与陌生人和已知他人都有关系的情况下，采用护理集合体的方法，该集合体由护理工、专业照护人员和其他亲属组成[①]。通过将照护理论化为集合体，我们能够拓展我们对照护所涉及的人、发生的各种争议和冲突以及照护的连续性、质量和特征进行评估的视野。

① 为了在照护中使用“集合体”概念，我们需要考虑集合体是否是一个分析概念，涵盖机构、话语、逻辑等。

将困境重新建构为不同逻辑之间的冲突

困境常常发生在照护中，在专业照护人员和照护工如何应对这些情况方面存在不确定性。从理论上讲，迄今为止，女性主义照护理论家已经将困境定性为两难困境(Stone 2000；Dahl 2000；Dahl & Rasmussen 2012)。我相信，这与女性主义照护伦理研究有着紧密的联系。Deborah Stone 介绍并列举出了照护的一些困境：谈话与任务、关爱与超脱、特殊与公平、耐心与日程安排、家庭关系与工作关系、关系与规则(Stone 2000)。如此一来，Stone 给出了提供良好照护的不同的、逻辑上具有排他性的方法与原则。在我前期的研究中还发现了三种困境：(1) 照护自己还是照护他人；(2) 关爱还是正义；(3) 关爱还是知识(Dahl 2000)。近年来，随着新自由主义在北欧福利国家占据主导地位，专业化和标准化之间出现了矛盾(Dahl & Rasmussen 2012)，描述这对矛盾的另一种方式是专业知识与官僚规则之间存在困境。此外，这对矛盾还详细阐述了有关时间的困境(Tufte & Dahl 2016)。

当照护从家庭中移出并成为基于市场、国家责任、市民社会责任或是责任的混合物时，困境指向不同照护方式之间的矛盾与冲突。困境被描述为不同的、逻辑上相互排斥的原则之间的矛盾，并反映在法案—22 中。无论你做了什么，你总可能会因没有遵循这个或是那个原则而受到责备。然而，通过承认它们之间的差异，困境可以被重新定义为理解良好照护的竞争方式间的冲突。因此，与其识别“谈话与任务”之间的困境，不如将其重新定义为关于照护理念的更为普遍的冲突。良好照护更多的是交流和倾听那些需要某种形式照护的人的心声，还是更多的只是完成一些任务？关于照护规范冲突的识别正在加强，并引入了之前被界定为静态的和不可避免的困境的新视角。有时，矛盾和困境会导致对立和冲突。

尽管对各种困境的描述已经将我们的注意力引向照护冲突的原则和实践上，但是“困境”概念依旧存在问题。困境“错误地”将这一事关重大的问题界定为个体在两个相互排斥的社会平等原则之间的抉择。“错误的界定”概念是由 Nancy Fraser 引入 (Fraser 2008)，她指的是政治问题的特定框架下排除了一个重要维度的方式。当“困境”概念倾向于忽视照护情境下的权力方面，以及照护网络参与者的代理机构时，“错误的界定”就出现了。让我作进一步的解释，正如 Stone 所说的，关爱与超脱之间存在着冲突，也就是说，在家庭的情感介入与具备技术知识的情感超然的专业人士之间存在着冲突。与其将它看成是一个两难困境，我建议我们不如将其看作良好照护理念以及不同逻辑之间的冲突。在不同的时期，同理心/同情心逻辑凌驾于特定疾病的技术知识的逻辑之上；在其他情况下，技术专长"胜过"亲人的参与，当然这取决于现有的关于良好照护的话语。

照护伦理为照护提供了重要的见解。它还错误地将一些问题视为两难困境，而不是把这些问题看作是相互竞争、可识别的经验、不断变化的逻辑之间持续发生冲突的迹象。

情感机制

一些研究者从情感参与的角度来看待照护(Barnes 2012:8)，例如，英国社会政策分析专家 Marion Barnes 认为，"伦理敏感性是实施照护所必需的"(Barnes 2012:8)。在 Barnes 看来，照护包含一种照护态度，一种对他人及其存在状态的关注。女性主义照护理论家将情感和关爱看作是照护不可或缺的组成部分（Thomas 1993；Leira 1994），也往往将他们的注意力放在个体层面上。然而，将注意力放在个体层面，以及关注特定的和积极情感必要性上，情感的社会嵌入性却被忽略了。同样的，对依恋和关爱这种纯粹的积极情感的强调，导致人们忽视了照护情境中情感的消极方面，如疏远、疲惫、愤恨、不被赏识、厌恶和孤独感。正如无论哪位照护者都知道，此类消极的情感经常出现在照护情境中，即使脆弱者是亲密的家庭成员。

如果我们仅仅关注照护的个体层面，就有可能冒着忽视这一层面的情感表达是如何成为宏观的社会情感系统一部分的风险，是社会心理学中习得适当且可识别的情感行为的领域。当然，这并不是说我们是社会性傻瓜，套用 Ludwig Wittgenstein 的话来说，而是因为个体不是存在于孤岛之上。我想用"制度"概念在抽象层面上捕获情感传播的具体方式。"制度"是界定我们如何在特定的制度情境下行动的一个领域，也就是说，被认可的合法化的照护对象。情感机制的概念出自英国社会学家 Nira Yuval-Davis (2011)，而美国哲学家 Judith Butler 则使用了合法且可识别主体的概念 (Butler 1990)。例如，学术界强调研究中的情感中立，这与照护工作的情感机制形成鲜明对比，每一种制度都有不同的合法性主体。一种制度规定了可以说什么和可以做什么，从而界定你是谁，你可以是谁。在个案研究中，作为学者，为了我们的研究目的，充当一名照护工、家庭成员、亲属或是专业照护人员。从这个意义上说，一种制度禁止人们可以感觉到的和可以做的事情，划定了适当行为的边界，也规定着适当的行为，同时通过重新阐释和抵抗来改变。制度既不是一个封闭的概念，也不是一个静态的概念①。

与英国女性主义社会学家 Sara Ahmed(2004)的观点一致，我将照护视为是几种循环的情感机制的一部分。情感被视为在身体和物体之间的循环，并铭刻在身体的表面。情感是关系性的，涉及"靠近"和"远离"的关系（Ahmed 2004：8）。在这个意义上，我们不能够将某些照护中的情感视为理所当然，我们需要将它们看作是情感机制的一部分。因此，照护不能等同于情感机制。然而，所有的照护工作都是在情感机制和知识制度下进行的②。即使在照护中，情感机制也会有不同。一种是照护亲密他人的情感机制，一种是在国家照护机构或是照护公司中照护陌生人的情感机制。在这个意义上，情感不是内在的东西，它们在不同层次上被管理和规范。因此，对照护的管理不是什么新鲜事。美国社会学家 Arlie R. Hochschild 在她对航空公司女性空乘人员的开创性研究中引入了情感劳动概念（Hochschild 1983）。Hochschild 识别了空姐如何利用她们自身的情感在机舱内营造一种特殊的氛围，并压制与难缠旅客打交道过程中产生的愤怒情感。当代社会学范畴的研究强调情感管理，例如，Nira Yuval-Davis (2011) 写道："为实施照护工作，照护人员必须关注或是至少像他们在乎的那样履行工作。"（Yuval-Davis 2011：186，我的重点），这句话的重点是"像他们在乎的那样"。照护人员进行情感劳动，而劳动任务是看起来好像他们真的在乎。事实上，一些照护人员可能对他们照护的对象漠不关心。然而，在情感机制下，冷漠的专业照护人员或是照护工需要一定程度的情感参与，似乎是合乎情理的。因此，需要产生外在于照护的信号来让照

---

① 我使用情感机制概念，而不是像 Hardt(1999)所说的那样，将有效劳动与"经济"联系在一起，后者是一种商品交换，过度依赖于相对静止和不可避免的东西，即"经济"。

② 我提到与照护工作和情感相关的知识，是为了强调照护工作不仅仅是做与身体表面上的一种或多种情感相关的事情。还有一种知识体系，正如 Foucault 在其关于治理思想和专业人员与国家之间关系的著作中所强调的那样（Foucault 1991）。

护对象满意。

照护工/专业照护人员/亲属管理着自身的情感。她/他可以抑制悲伤或者忧郁，取而代之的是制造希望和快乐。此外，国家同样管理着情感。在北欧福利国家背景下，这些国家对情感的管理表现为两种方式。首先，对护士、辅助护士和有资质的家庭帮工的培训是通过入学标准来完成的，申请人应当具备适当的情感倾向，并要通过一种特殊的、包含情感元素的培训。其次，国家对情感的管理是通过照护服务中的情感机制加以实现。国家管理着合法的以及不合法的情感，它是一种情感规范。因此，国家规定了专业照护人员从事照护工作时的行为准则。让我以丹麦政府有关家庭帮工所需的专业素质认证为例，这些帮工在老年人的家中照护老年人，常常是每天多次访问他们。以下一段是对家庭帮工照护结肠造口术病人的行为描述。培训手册规定如下：

家庭帮工能够为客户提供一个谈论她/他结肠造口术的机会，表现出一种自然和积极的态度（记住：面部表情、运动和语言一样可以透露很多信息）。（Socialstyrelsen 1977：31；我的翻译）

在此，我们既看到了宏观层面也看到了微观层面上的情感管理。理想的家庭帮工应该表现出自然和积极的态度，包括个体、机构及国家层面的情感管理。理想的良好照护中，自我是受到约束的，并努力抑制惊讶和厌恶等身体语言的表达。这些潜在的不良反应与西方文明对身体排放物尤其是人类排泄物的禁忌有关。要清除身体的排泄物，必须显得自然和体贴。家庭帮工需要仔细清空结肠造口袋，且不对该项工作产生任何反感。专业立场下的理想的照护，是建立在所谓“自然”行为之上，理想化的行为事实上是面对他人排泄物时情感上的一种约束。专业照护人员接受国家的规范和约束，因此，私人和公共之间的边界被重新划定。曾经是私人的东西（结肠造口术以及家庭帮工的情感）进入到国家规范的公共领域。

情感的传播，嵌入到较为宏观的情感系统中，并在不同层面上接受着管理。情感可以有许多的细微差异，可以被判断为好的或是坏的，合法的或是非法的。情感可以被抑制或诱导，在医院、疗养院和老年人的私人住宅中，照护可以被视为不同情感机制的一部分。当照护工、专业照护人员面对脆弱的老年人，他们会与自身的不足/或不合理感作斗争，更不要说面对那些因患有痴呆症或是其他疾病患者，甚至可能怀有敌意或是有攻击性的老年人。这些冲突可能发生在需要照护的人和试图帮助他们的家庭成员之间，也有可能发生在专业照护人员和国家之间，和/或专业照护人员/照护工和需要照护的对象之间。冲突可能发生在不同的情感机制下，即使在不同的情感机制下被视为合法时，例如医院中理想的良好照护的目标是为患者出院做好准备，与理想的居家照护之间就可能会发生冲突。

小结

我认为当代的照护理论是在错误的理论领域提出的错误问题，不应该只是思考“什么是照护”。在伦理领域，需要将我们的思维转到政治方面，并将问题重新定位为*“不断变化的照护条件以及对权力和冲突的关注如何重新构建我们关于照护的理论”*。

我还认为，在宏观的元叙事和局限于特定国家背景下的特定照护领域的微观情境叙事之间存在一个中间地带。然而，通过占据陈述更宏观叙事的空间，我们需要不断地反思我们所陈述的事实，并且避免两个陷阱：有关照护的启蒙叙事或是末世论叙事。运用 Foucault 的批判概念，我们能够继续对社会政治进程，以及它们的真正价值、基本原理、影响和合法性技术进行反思。

那么，我们如何将照护理论化？我们不是仅仅从伦理的角度思考照护，而应该更有效地从关联性、集合体、陌生人以及不同的照护逻辑之间的冲突角度来思考。关联性指的是在后现代化、全球化和新自由化时代，照护的不稳定性和碎片化特征。从集合体的角度来看，强调了不同的人走进和走出关系网络（包括陌生人）而形成的照护的偶然性。作为重建照护理论的一部分，我也认为“困境”一词是有问题的，因为它将冲突描述为相互排斥的原则之间的冲突。相反，我建议重新将“困境”界定为照护实践和合法化过程中的不同逻辑之间的冲突。最后，我认为我们需要在理论化过程中将情感机制纳入进来，以便理解在照护工作内部和周围传播的各种情感，它们如何在不同层面上被管理与规范，以及不同类型的情感如何产生不同的主题。

参考文献

Ahmed, S. (2004). The cultural politics of emotion. Edinburgh: Edinburgh University Press.

Andersson, K. (2007). Omsorg under förhandling—Om tid, behov och kön i en föränderlig hemtjänstverksamhet. Umeå: Institutionen för social arbete.

Andersson, K. (2012). Paradoxes of gender in elderly care: The case of men as care workers in Sweden. NORA - Nordic Journal of Feminist and Gender Research, 20(3), 166-181.

Arendt, H. (1986). Communicative power. In S. Lukes (Ed.), Power. Oxford: Blackwell.

Barnes, M. (2012). Care in everyday life—An ethic of care in practice. Bristol: The Policy Press.

Beasley, C., & Bacchi, C. (2007). Envisaging a new politics for an ethical future. Beyond trust, care and generosity—Towards an ethic of 'social flesh'. Feminist Theory, 8(3), 279-298.

Bubeck, D. (1995). Care, gender and justice. Oxford: Clarendon Press.

Butler, J. (1990). Gender trouble: Feminism and the subversion of identity. New York: Routledge.

Castells, M. (2000). Materials for an exploratory theory of the network society. British Journal of Sociology, 5(1), 5-24.

Cooper, D. (2007). 'Well, you go there to get off': Visiting feminist care ethics through a women's bath house. Feminist Theory, 8(3), 243-262.

Dahl, H. M. (1997). Mellem kærlighed og arbejde—Omsorgsteori: Traditioner og centrale temaer. Kvinder, Køn & Forskning, 6(2), 56-65.

Dahl, H. M. (2000). A perceptive and reflective state? European Journal of Women's Studies, 7(4), 475-494.

Dahl, H. M., & Rasmussen, B. (2012). Paradoxes in elder care—The Nordic model. In A. Kamp & H. Hvid (Eds.), Elderly care in transition—Management, meaning and identity at work. A Scandinavian perspective (pp. 29-49). Copenhagen: Copenhagen Business School Press.

Dahl, H. M., Eskelinen, L., & Hansen, E. B. (2015). Co-existing principles and logics of elder care: Help to self-help and consumer-oriented service. International Journal of Social Welfare, 24(3), 287-295.

Deleuze, G., & Guattari, F. (1988). A thousand plateaus: Capitalism and schizophrenia. London: The Athlone Press.

Emmet, D. (1953-1954). The concept of power. Proceedings of the Aristotelian Society, 54, 1-26.

Ferguson, K. (1987). Male-ordered politics: Feminism and political science. In T. Ball (Ed.), Idioms of inquiry and renewal in political science (pp. 209-229). Albany: State University of New York.

Finch, J. (1989). Family obligations and social change. Cambridge: Polity.

Fineman, M. A. (2008). The vulnerable subject: Anchoring equality in the human condition. Yale Journal of Law and Feminism, 20(1), 1-23.

Foucault, M. (1978). The history of sexuality: An introduction. New York: Random House.

Foucault, M. (1980). Power/knowledge. C. Gordon (Ed.). New York: Random House.

Foucault, M. (1991). Governmentality. In G. Burchell, C. Gordon, & P. Miller (Eds.), The Foucault effect—Studies in governmentality (pp. 87-104). Chicago: The University of Chicago Press.

Foucault, M. (1997). What is critique? In S. Lotringer & S. Hochroth (Eds.), The politics of truth (pp. 23-82). New York: Semiotext(e).

Fraser, N. (1997). Justice interruptus. New York: Routledge.

Fraser, N. (2008). Scales of justice—Reimagining political space in a globalizing world. Cambridge: Polity.

Gilligan, C. (1982). In a different voice. Cambridge, MA: Harvard University Press.

Graham, H. (1991). The concept of caring in feminist research. Sociology, 25(1), 507-515.

Hankivsky, O. (2014). Rethinking care ethics: On the promise and potential of an intersectional analysis. American Political Science Review, 108(2), 252 - 264.

Haraway, D. (1988). Situated knowledges: The science question in feminism and the privilege of perspective. Feminist Studies, 14(3), 575 - 599.

Hardt, M. (1999). Affective labor. Boundary 2, 26(2), 89 - 100.

Hartsock, N. (1985). Money, sex and power. Boston: Northeastern University Press.

Hekman, S. J. (1995). Moral voices—Moral selves—Carol Gilligan and feminist moral theory. University Park: Pennsylvania State University Press.

Hemmings, C. (2011). Why stories matter—The political grammar of feminist theory. London: Duke University Press.

Hochschild, A. R. (1983). The managed heart: The commercialization of human feeling. Berkeley: University of California Press.

Hochschild, A. R. (2001). Global care chains and emotional surplus value. In W. Hutton & A. Giddens (Eds.), On the edge: Living with global capitalism (pp. 130 - 146). London: Vintage.

Hochschild, A. (2003). Love and gold. In B. Ehrenreich & A. R. Hochschild (Eds.), Global woman: Nannies, maids and sex workers in the new economy. London: Granta Books.

Hockey, J., & James, A. (1993). Growing up and growing old—Ageing and dependency in the life course. London: SAGE.

Hoppania, H., & Vaittinen, T. (2015). A household full of bodies: Neoliberalism, care and 'the political'. Global Society, 29(1), 70 - 88.

Isaksen, L. W. (2007). Gender, care work and globalization: Local problems and transnational solutions in the Norwegian welfare state. In M. G. Cohen & J. Brodie (Eds.), Remapping gender in the new global order. New York: Routledge.

Isaksen, L. W., Devi, S. U., & Hochschild, A. R. (2008). Global care crisis: A problem of capital, care chain, or commons? American Behavioral Scientist, 52(3), 405 - 425.

Kittay, E. F., Jennings, B., & Wasunna, A. A. (2005). Dependency, difference and the global ethics of long-term care. The Journal of Political Philosophy, 13(4), 443 - 469.

Latimer, J. (2012). Home care and frail older people: Relational extension and the art of dwelling. In C. Ceci, K. Björnsdottir, & M. E. Purkis (Eds.), Perspectives on care for older people (pp. 35 - 61). Oxon: Routledge.

Legg, S. (2006). Assemblage/apparatus: Using Deleuze and Foucault. Area, 43(2), 128 - 133.

Leira, A. (1994). The concept of caring: Loving, thinking and doing. Social Service Review, 68(2), 185 - 201.

Lyotard, J. F. (1984). The postmodern condition: A report on knowledge. Manchester: Manchester University Press.

Mahon, R., & Robinson, F. (2011). Introduction. In R. Mahon & F. Robinson (Eds.), Feminist ethics and social policy (pp. 1 - 17). Vancouver: UBC Press.

Marcus, G. E., & Saka, E. (2006). Assemblage. Theory, Culture & Society, 23(2-3), 101 - 109.

Martinsen, K. (1994). Fra Marx til Løgstrup: om etik og sanselighed i sygeplejen. Copenhagen: Munksgaard.

Mol, A. (2008). The logic of care—Health and the problem of patient choice. London: Routledge.

Noddings, N. (1984). Caring: A feminine approach to ethics and moral education. Berkeley: University of California Press.

Parrenas, R. S. (2001). Mothering from a distance: Emotions, gender, and inter-generational relations in Filipino transnational families. Feminist Studies, 27(2), 361.

Robinson, F. (1999). Globalizing care—Ethics, Feminist theory and international relations. Boulder: Westview Press.

Rogers, A. C. (1997). Vulnerability, health and health care. Journal of Advanced Nursing, 26, 65 - 72.

Sarvasy, W., & Longo, P. (2004). The globalization of care—Kant's world citizenship and Filipina migrant domestic workers. International Feminist Journal of Politics, 6(3), 392 - 415.

Socialstyrelsen. (1977). Undervisningsvejledning—overgangskursus (2 ugers grundkursus) for hjemmehjælpere. København: Socialstyrelsen.

Spanger, M., & Dahl, H. M. (2010). 'Sex-workers' transnational and local motherhood: Presence and/or absence? In L. W. Isaksen (Ed.), Global care work—Gender and migration in Nordic countries (pp. 117 - 136). Lund: Nordic Academic Press.

Spanger, M., Dahl, H. M., & Petterson, E. (manuscript). How do states condition care chains? Discursive framings, heterogeneous states and multi-level governance.

Stone, D. (2000). Caring by the book. In M. H. Meyer (Ed.), Care work, gender, labour and the welfare state (pp. 89 - 111). London: Routledge.

Thomas, C. (1993). De-constructing concepts of care. Sociology, 27(4), 649 - 669.

Tronto, J. (1993). Moral boundaries. New York: Routledge.

Tronto, J. (2010). Creating caring institutions: Politics, plurality and purpose. Ethics & Social Welfare, 4(2), 158 - 171.

Tronto, J. (2011). Privatizing neo-colonialism; migrant domestic care workers, partial citizenship and responsibility. In H. M. Dahl, M. Keränen, & A. Kovalainen (Eds.), Europeanization, care and gender—Global complexities (pp. 165 - 181). Basingstoke: Palgrave Macmillan.

Tronto, J. (2013). Caring democracy—Markets, equality and justice. New York: New York University Press.

Tufte, P., & Dahl, H. M. (2016). Navigating the field of temporally framed care: Time logics, temporal dilemmas and processes of navigation in the Danish home care sector. Sociology of Health and Illness, 38(1), 109 - 122.

Wærness, K. (1980). Omsorgen som lönarbete. Kvinnovetenskaplig tidsskrift, 16 - 17.

Wærness, K. (1982). Kvinneperspektiver på socialpolitikken. Oslo: Universitetsforlaget.

Wærness, K. (1987). On the rationality of caring. In A. S. Sassoon (Ed.), Women and the state (pp. 207 - 234). London: Hutchinson.

Weber, M. (1921). Wirtschaft und gesellschaft. Tübingen: J. C. B. Mohr.

Widerberg, K. (2007). Køn og samfund. In H. Andersen & L. B. Kaspersen (Eds.), Klassiske og moderne samfundsteori (pp. 597 - 624). Copenhagen: Hans Reitzels Publishers.

Williams, F. (2010). Claiming and framing in the making of care policies: The recognition and redistribution of care. Paper presented at 5th International Careers Conference, 8 - 11th of July, Royal Armouries, Leeds.

Williams, F. (2011). Care, migration and citizenship: Migration and home-based care in Europe. In H. M. Dahl, M. Keränen, & A. Kovalainen (Eds.), Europeanization, care and gender—Global complexities (pp. 41 - 58). Basingstoke: Palgrave Macmillan.

Wittgenstein, L. (1989). Om vished. Århus: Philosophia. Yeates, N. (2009). Globalizing care economies and migrant Workers. Basingstoke: Palgrave Macmillan.

Yuval-Davis, N. (2011). The politics of belonging—Intersectional contestations. London: SAGE.

第四章 至关重要的沉默

“沉默——我们为什么要费心去研究沉默?”让我举一个例子来说明我们为什么需要对沉默感兴趣。丹麦媒体在 2007 年引入了一个新的隐喻,意指社会照护服务部门的招聘中存在的问题:“亲力亲为”的社会照护服务人员的短缺被称为是“温暖的手”的短缺(Ritzaus Bureau 2007a,2007b)。“温暖的手”是丹麦语的直接翻译,下面是其用法示例:

二十五个市政当局告诉我们,照护中“冷漠的手”和“温暖的手”的分布没有变化……有两个市政当局告诉我们,“温暖的手”越来越少,仅有十个市政当局增加了与老年人直接接触的照护人员的数量。(Ritzaus 2007b, 我的翻译)

上面一段话引自 Ritzaus,一家传媒公司。该公司电话访问了丹麦的市政当局,询问老年照护人员的情况。在引文中,存在着直接接触老年人的雇员的“温暖的手”与“冷漠的手”的对比,后者指的是没有直接接触的管理人员和行政人员。“温暖的手”隐喻在实践中是既不是中立的,也不是在真空中产生的[①]。它在西方社会语境中产生,强调照护的实践方面(雇员数量),为他人的身体提供照护和帮

① 从女性主义学者、内在批判性的角看待这个隐喻的影响,看待北欧福利国家。关于我的立场,请参阅导言部分。

助，以及“温暖”所蕴含的情感方面。它是以一种特殊的方式提供照护——贴身的方式并投入积极的情感——温暖的情感，这一隐喻就是我之前所明确指出的“情感机制”。在情感机制中，使用“温暖的手”不仅强调照护的实践方面，但同时也使得照护的认知方面沉默了，即抑制了进行适当照护所需的知识基础。当使用“温暖的手”隐喻时，几种形式的知识都被压制。也就是说，既需要帮助阿尔茨海默病患者来发现糖尿病信号的科学知识，也需要有关于特定老年人及与其疾病相关的行为模式的经验知识。“温暖的手”使用特定的话语，通过使照护成为“任何人都能做的事情”来复刻它，因为它只是关于“手”的问题。然而，通过规定照护工作的“手”必须是“温暖”的，使得这一概念以女性化的方式制定规范，即采用照护/温暖与非照护/冷漠的二分法。因此，这一隐喻产生了“女性”与“温暖的手”之间的身份认同。这种媒体话语说明了如何以一种特定的方式将照护政治化和构建框架，从而压制照护的其他一些元素。沉默很重要，通过研究沉默是如何发生的，我们可以获得关于权力和从属性的重要见解。这一例子源自媒体话语，但从现在起，我们将重点放在政治-行政话语上，是政客、管理人员和那些公务人员所使用和提倡的话语。

在第二次女性主义浪潮来临之前，即二十世纪七十年代和八十年代的女性主义运动中，西方国家并不将照护视为一个政治话题，但北欧福利国家除外。女性主义和其他社会力量将照护推向公共议程，使已婚/同居且有子女的女性能够获得有偿工作，而学者们也将照护问题纳入研究日程并发展出新的分析概念。正如第三章中所阐述的，社会科学的奠基人，例如 Max Weber 和 Karl Marx，都没有对照护做详细的研究。但从那时起，照护就不再是完全沉默的，因为不同形式和不同部分的照护已经进入社会范畴。当下，照护在很大程度上发生了变化，一些国家为了应对所谓的“人口定时炸弹”而扩大了老年照护范围，而另一些国家则受新自由主义话语和紧缩政策的启发，削减了照护开支，并将其外包给了私人照护机构或是交由家庭照护(Ranci & Pavolini，2011)。但是总体而言，部分的照护已经由国家出资、规范和管理，并在各种福利背景下实现了照护专业化。

沉默并不是女性主义理论和哲学的新主题(Haug 1987；Irigaray 1979；Whitford 1991)。从 Virginia Woolf 到当代女性主义学者 Caitlin Morgan，试图战胜“沉默”一直都是女性主义斗争的一部分。沉默在哲学和社会科学领域中也被广泛地讨论着(Carrette 2000；Derrida 1978；Foucault 1984；Huckin 2002)。近来，识别沉默已成为女性主义学者、政策话语分析家 Carol Bacchi (2009)研究的几个阶段之一。然而，如果我们要了解沉默是如何与权力关联在一起的，就需要关注沉默的动态性以及它的产生和变迁。研究沉默并不是要替代书面文字或者口头语言的分析，而是将其视为一种对现有分析策略的补充。在此，我认为沉默往往被错误地理解为一个整体、一种状态。相反，我认为我们需要将沉默当作一个积极的进程来关注。因此，我用沉默化替代了沉默。

在本章中，我从后结构主义的立场来探讨沉默的进程，它是进行话语分析的前提。话语既产生了潜力，也产生了制约力。我的讨论提供了一种理论和方法论的视角，但是它也包括一些发生在丹麦背景下沉默的例子。与北欧国家的总体情况相同，丹麦的照护长期以来一直是社会领域的一部分，激发了“私人”领域和家庭领域的兴趣，并成为宏观社会关注的焦点问题。老年照护正在成为被收费、规范和职业化进程的一部分。照护是政治争议、政策讨论的对象，而且已经完全被政治化了。关于照护话语的变化有很多事件可以陈述，英国社会学家 Clare Hemmings 就提醒我们，变化越来越普遍，我们需要对女性主义学者陈述的事件进行自我反思(Hemmings 2011)。政治化是女性主义成功的一个事件，在这个事件中，照护已经离开了私人领域。然而，关于照护还有另一个重要的女性主义事件要陈述：成功并不是线性的和渐进的，在沉默化照护和照护要素之间一直存在着冲突。此外，这些冲突仍在发生，在某些情况下甚至加剧了，正如我在前一章所论述的那样。而沉默也可能以很多种形式发生，如行动、表演、语言互动、会议等。在此，我将在单一类型的文献资料中，即行政法规和政策文件中搜寻沉默，因为我相信它们是至关重要的。本章中，我要处理的关键问题是：*沉默的特征是什么？我们如何在文献中识别被视为是进程的沉默？*

本章分为五个部分：第一部分思考了研究沉默和沉默化的理由，我概述了沉默与话语及权力之间的关系，并描述了沉默的动态因素，我称之为“沉默化”。第二部分探讨了沉默与照护之间的关系。在第三部分中，我从共时的视角讨论了来识别沉默的一些分析策略。而在第四部分中，我用丹麦照护政策话语中的两个例子来阐述沉默化进程。最后的结论中，我总结了我的见解。

沉默与沉默化

在话语分析和话语理论中，已有很多有关口语和书面语言的研究。而各种形式的话语分析中，强调书面语言和口头语言已经成为一种趋势。让我们将注意力转向没有得到说明的问题：沉默。口语是一种表演行为，因此产生了特定的客体和主体(Butler 1990)。我们通过给某物贴上标签来创造它的存在。没有思考和语言，主体、客体，以及相互之间的关系将不存在，因而也将不可见。这就是为什么我们需要关注沉默，也就是说，需要关注那些未经思考和符号化的某物(Whitford 1991)。思考和语言创造了一个职权范围，在这一范围内，群体可以清楚地表达他们的立场。权力作为一种生产力，使得某种特定类型的个体和特定形式的社会关系得以存在(Bacchi & Dahl 2012)。

在从理论化的视角深入探究沉默之前，需要界定一下我们的研究。沉默有着多种形式，而不同形式的沉默可以从不同的认识论角度来研究。但在本章中，我们没法将所有内容都包括在内。我将聚焦于话语中的沉默，而不是个体机构或是互动中的沉默。在我们的日常生活中，所有人都经历过种种形式的沉默，但是在讨论中却被忽视了，或许是由于受权威人物或权威群体的威吓，又或是因为我们决定不回应一个无耻的或冒犯性的言论。在这种情况下，某人或是几个人有意识或无意识地使自身沉默。但是它不是我所关注的与照护相关的一种沉默，我关注更为一般性的、话语方面的沉默。我也不关注与策略性隐瞒信息有关的沉默，比如沉默在社交游戏中是一种策略(Huckin 2002：348)。

沉默是一种不存在的事物，是没有说出也不能说出来的事物。因此，沉默不容易被发觉或是识别(Dahl 2012)。对沉默的兴趣似乎构成了当代和后现代社会的一个组成部分，甚至或许是一种系统性的强制力——即对透明度的系统性强制(Han 2012)。对沉默的兴趣也是后现代和后结构主义理论的产物，它将权力分析、“解释”和“表征”的边界推向对不存在/缺席的解释。尽管我们关注的是将“事物”带到阳光下并使其公开化，但我们最终还是可能会制造其他形式的沉默。或许这种系统性冲动注定是要失败的，因为并不是所有的事物都是可见的(Law 2007：600)。沉默指向权力的两面：作为正常化的沉默，以及作为被遗忘/无法表达的沉默。如此一来，沉默就意味着主导与从属。在这里，我将使用源自印度文学理论家

Gayatri Chakravorty Spivak (1994)的“subalternity”(从属地位)术语,来描述什么是“从属”,以及什么是不能被谈及的东西。沉默关乎权力博弈的双方。

作为主导的权力是指名道姓和“不言而喻”的,比如,当白人是占据主导地位的规范,那么每一事件都默默地与之相关。继 Berg (2008:214)之后,这些形式的分析关注“如何阐明主导地位或是多数人立场”。然而,沉默也意味着权力的缺席,当主体、客体、关系以及空间无法被描述,因而似乎不存在时,权力的缺席就显现出来了。不能说出来且难以找到适当的词汇是一种困难的境地,但是我的分析重点不是个体能力和社会互动,而是广义上的话语可以做什么及禁止做什么。

从后结构主义的视角来看,一切都是由关系构成的。因此,沉默并不在话语之外,相反,沉默是任何话语的构成特征,因此存在于话语之中。从这个意义上说,沉默是一种“外在的构成”。任何话语都假定他者,即外在的他者。因为沉默是任何话语的可能性条件,所以它成为内在的一部分,从而获得一种构成性特征(Staten 1985)。外在的沉默成为内在的先决条件,因此成为话语的一部分。沉默和话语相辅相成,一方无法离开另一方而存在,它们变得相互依赖 (Carrette 2000:32-33)。作为任何话语的必要前提,沉默是一种机制,它允许话语掩盖或是沉默自身的结构。沉默与话语一起发挥作用,或是用 Foucault 的话来说:

> *沉默本身——人们拒绝说出或是禁止说出的事物,不同发言者之间所需要的自由裁量权——不只是话语的绝对界线。另一方面,在它们以及与其相关的全部策略中,它被严格的边界隔离开来,而不是一个与所说的事物一起发挥作用的元素。在个体说什么和不说什么之间没有二元划分。(Foucault 1984:27)*

从 Foucault 那里我们了解到,在内在和外在之间并不存在清晰的界线,它们是由关系构成的。外在的是内在的一部分,反之亦然。内在的和外在的相互依存,它们之间的边界在不断变化[①]。

在有关沉默的文献中有这样一个问题,沉默常常被理解为是一个独特的实体,

---

① 任何话语都包含种种沉默。沉默是话语的一部分,它们是复数形式。但是多数沉默存在于其他领域和其他话语中,所以每一个沉默都可能是相关的。沉默的数量是无限的,对沉默和权力互动的解释取决于作为研究者的我们所确定的与分析最相关的沉默。

例如短语“打破沉默”就隐含了这一点。我对此却有不同的理解，我认为沉默是一个持续的沉默化进程。沉默，因为它必须被制造和再生产，因此它是一个积极的进程。类似于“性别实践”或是性别化(Eveline & Bacchi 2005)，以前的名词“性别”需要作为动词来看待。沉默化进程导致特定客体和主体的消失，沉默在话语中产生，却并不仅仅是个体可以行使的东西。话语中可能会留下沉默化的痕迹，通过细致的工作能够识别出来。然而，沉默化并不总是一个没有争议的进程，它可能会导致有关照护/或是特定照护实践的沉默的冲突。如果说沉默化是一个进程，那么话语也是。当沉默变得可以表达出来时，它并不是一个没有争议的进程。将话语中未经思考和未表达出来的“某物”激发出来，并在此基础上将其融入话语，往往意味着是一个关于话语的进程与冲突，并在现有的占主导地位的视野下开辟出一个新的空间。

我们有种种研究沉默的理由，尤其是来揭示那些不言而喻的东西(占主导地位的)，研究那些被遗忘、被忽视以及未注意到的事件/人。我认为沉默不是话语之外的东西，相反，沉默是话语的一个构成特征，话语和沉默之间的边界是动态的。在此，我指出，沉默不应该被视为一个实体，而应被看作是一个动态的进程，沉默化将话语再造并转化进不同的话语之中。基于这些关于沉默的理论化见解，以及关于沉默化、权力和话语之间的关系，现在让我们来探寻照护中的沉默。

沉默化与照护

缺乏恰当的语言就意味着一切。如果你不能描述它，它就是不存在的。法国“后现代女性主义学者”，如 Hélène Cixous、Luce Irigaray 和 Julia Kristeva(Moi 1985) 关注的是西方话语体系所提供的可能性与限制。这些学者专注于“女性化”及其在语言中的地位，即它是否可以在语言中表达出来，如果可以，如何表达。她们的结论是，“女性化”只能在语言中表现为与所谓的“男性化”具有同一性，或是作为一种异常状态，即对立面而存在(Irigaray 1979；Cixous 1980；Kristeva 1991)。由于话语无法把握和描述“女性化”的复杂性，语言要么创造出一个拙劣的替代品，要么让它沉默。因此，语言不能以其复杂性来代表“女性化”。

以上都是学者们近三十年前的见解，时至今日，这些见解仍然在与照护相关的领域占据优势。后现代女性主义学者关于话语和照护之间关系的深刻见解，为我们提供了有价值的启示。和女性化一样，照护只能表现为认同或是反对主流规范。照护成为一种异常状态，一方面，照护不同于主导话语，在对话语构成威胁的同时，又成为话语的前提条件。正是在这个意义上，Annemarie Mol(2008)将照护贴上了“异位”的标签，即他者的位置。通常来说，“异位”出现在西方世界以外的地方。但正如莫尔(2008)所说，“异位”是内在的，它发生在我们中间，并将我们通常对自治和理性的理解复杂化了：

“异位”是另一个位置，它让人们可以用新的眼光来看待老问题，用奇特的耳朵倾听似乎能自我表达的东西。然而，这种特殊的“异位”，即照护的异位，不在别处，就在照护内部。(Mol 2008：91)

照护成为激进的他者，暴露了我们的依赖性和脆弱性，与占主导地位的独立和控制思想形成鲜明的对比。正如美国政治学家 Joan Tronto 向我们展示的那样，这一思想来源于自由主义政治主张(Tronto 1993)。照护已经成为西方世界传统意义上沉默的基石，并演变出一个奇怪的悖论：它是我们文明的先决条件之一，但它却因为是主导逻辑中不能完全掌控的他者而被沉默了。

然而，当照护变得政治化，当照护成为政治-行政话语的一部分时，它就无法保持他者的位置。照护成为规范的一部分，其必须适应现有的逻辑，它既可能符合也可能不符合现有的逻辑，亦即非同一性。照护和照护需求必须是可管理的(Fraser 1989)，在政治-行政的逻辑中，照护被简化为同一性，也就是说，作为某种必须符合我们治理理性和控制的东西，照护被置于一个可预测的、可控的以及透明的话语约束之中。在政治-行政话语中，照护被视为是可治理的。因此，它必须被拆分为子单元和任务(Dahl 2005)。然而如此一来，它就变得难以被识别。通过这种方式，照护就如同“女性气质”一样，成为一个替代品的同时，也被压制了。Mol 就曾经指出，照护变得沉默了，“良好照护的理想悄然融入实践中，且不能为自身说话”(Mol 2008：2)。情感是存在的，但它们被压制了。它们仍然是照护对象和照护人员期望的一部分，但期望作为一种无声的标准，意味着两种相互竞争的良好照护并存：政治-行政话语和沉默的话语。在沉默的照护标准中，照护与积极的元素相关联，例如“行善”和情感的关联，正是这样的理解——表达为“温暖的手”——有时会在媒体中流行开来。

照护与强调独立与控制的西方文明格格不入，它提醒我们关注我们不想被提醒的东西：我们的脆弱性、依赖性和死亡率。我们试图抑制此类威胁，用 Mol 的话来说，这就是异位。另一方面，照护被定义为与其他受支配的“事物”和“社会客体”完全相同，并以特定的方式被治理。例如，将其拆分为子单元和任务，以便可以由不同供给者提供。从这个意义上说，照护得以拓展和塑造，并使其在任何时期都能够融入政治-行政逻辑中。这是在一种特定权力状态下可能获得照护的条件，也即是照护变成一种替代品，后现代女性主义学者称之为“女性气质”的处境。照护成为不可能在话语中真实表达出来的东西。替代品，如同异位一样，如果没有对照护的特定部分保持持续地沉默，就不可能存在；那些我们不愿被提起的，以及在当代话语体系中我们无法表达或是难以表达的部分①。

识别沉默②

到目前为止，我已将沉默描述为具有两副面孔的：沉默是权力/主导；沉默也是权力的缺席，亦即处于从属地位。然而，在当代话语体系中，照护也是被生产出来的，因为它们不能表达出像上面所阐述的“未被注意到”的话语那样。作为沉默的一种替代品，照护以一种特定的、扭曲的方式构建其他元素。因此，一个重要的问题就是如何识别沉默化进程。几种分析策略可用于此，其中有的策略强调历时性

---

① 让我举一个最近丹麦一项研究学前照护的例子。在丹麦的幼儿园里，有与六岁以下儿童相关的各种工作。有些工作被认为是“专业工作”，而另一些工作常常被称为“实际工作”。这里出现了工作类型和专业工作价值的二分法，但是也有一些工作是未说出口和未被注意的，类似于社会教育工作者提供的未被注意到的工作。研究人员试图识别这一方面，并将其引入口语中，未被注意的方面通常被视为自然的、平庸的或是“刚刚发生的”(Ahrenkiel et al. 2012，2013)。研究人员与提供信息者合作，为这项未被注意到的工作寻找词汇。例如，在儿童居所和幼儿园之间创造连续性和过渡性的行动，或设施内各种活动之间的过渡。

② 关于沉默和识别沉默的分析策略的一部分已出现在丹麦语的先前版本中(Dahl 2012)。在这项工作中，我从与阿德莱德大学名誉教授 Carol Bacchi 的讨论中受益匪浅。

研究方法，而其他策略则更强调共时性方法。Faucault 提出了两种历时性策略，应用系谱学和考古学(1972，1976，1984) 来发现沉默，这些方法现在已广为人知。历时性策略并不总是可行的，如果历时性策略无法得到适当的应用，那么如何实现异位呢？Carol Bacchi 在其"代表的问题是什么(WPR)"方法中研究了沉默(Bacchi 2009)，她还开发了一种共时性话语政策分析方法，其中识别沉默是六个维度中的一个，它从识别政策问题开始。虽然 Bacchi 的方法非常有用，但在下文中，我还将介绍三种不同的共时性方法：解构、比较话语分析和记忆工作法(Dahl 2012)。

解构

解构与 Derrida 有关，尽管他本人对此概念持怀疑态度(Derrida 1988)。和 Faucault 一样，Derrida 将沉默看作是话语的内在构成，然而，他对揭示此类实践不如 Faucault 乐观[①]。

一方面，解构是一种应用于文本的技术，但另一方面，解构已在文本内部存在。在第一种情况下，解构是研究者对文本的干预 (Gasché 1986：154)，是一种双重活动。在活动中，文本及其结构，二分法及层次结构被识别、分解和重建(Dahl 2000)。但是解构也是文本中的一个活动："它解构了自身……如果解构在任何地方都发生……那么它会发生在有某物的地方。"(Derrida 1988：4) 这一动态性是由于对他者和外在性的压制，从而会在文本中留下痕迹，并不断尝试删除它们。依据 Derrida 的研究，永远不会有一个完整的存在，一个完整构成的整体，因为本质不断地从内部被颠覆(Derrida 1976，1981；Staten 1985)。让我来更为详细地解释这一哲学观点：可言说的沟通，依赖于不可言说的沉默，沉默也由此成为存在的一部分。外在的(缺席的)成为内在的一个决定性特征，因此整体性从内在被颠覆。因此，外在成为一个可能性条件，使外在和内在相互依存。在本章的前面部分我称之为"外

① 从 Foucault 的《疯癫与文明》(Madness and Civilization)(Foucault 1967；Derrida 1978；Boyne 1990)开始，分歧体现在他们关于沉默历史考证的可能性的长期辩论中。Foucault 和 Derrida 之间的辩论不是关于什么构成了内部沉默，而是关于解释内部沉默有多困难，以及这样做的可能性条件。

部结构"。

Joan Eveline 等女性主义学者应用 Derrida 的分析方法来识别沉默是如何在规范性话语中维护男性特权的(Eveline 1994)。Eveline 发展了 Patai(1983)的关于相关性规则的观点，将我们的目光从劣势地位(女性、女性气质以及与女性相关的价值观)转移到规范化以及优势地位(男性、男性气质以及与男性相关的价值观)上。与 Derrida 一样，Eveline 认为"优势的痕迹与劣势相关"(1994:134)。她建议，通过对有关劣势的文本进行策略性干预，来揭示男性气质优势的沉默特征，其中关键性符号用相反的符号替代。让我来举一个例子。

一些女性主义学者记录了关于受虐的女性以及因受瘀伤、受压迫、恐惧和上医院而处于劣势地位的女性的文本。这些文本体现了男性优势的痕迹——可以通过将性别思维反转，即将"女性"一词改为"男性"，将"劣势"改为"优势"来识别痕迹。一些女性主义学者会考虑为什么女性会被殴打，如 Patai 就会问："男性暴力特权怎么能够继续下去?"通过反转相关规则，就会产生一种干扰，从而使人们与熟悉的事物分离开，进而有助于"突然看到未说出口的、隐藏的冲突以及权力斗争"(ibid:148-149)。通过反转，我们看到迄今为止的盲点，隐藏的色彩和形式，现在我们能够理解沉默是如何构建它们的。

Derrida 的解构方法原本是对西方和西方化思维方式的一种自我反思。解构是一种反思性的工作，它考虑如何再现和避免规范化。反思性在于拒绝规范化研究，并转向追踪隐藏的沉默的痕迹。这种反思性在 Patai 的女性主义版本中变得更加明显，研究者询问她/他是如何成为规范化进程的一部分，研究如何通过观察沉默的一面并从另一个角度提出问题的来拒绝反思，即如何再现这一优势地位。

比较话语分析

比较话语分析可以用来识别话语中与缺席(以及历史上被压制或是遗忘)相关的"沉默"，或者质疑沉默是如何将话语确立为普遍性的(主导性的、即自然的)方式。比较话语分析中的不同方法决定了反思性在不同程度上的应用(Howarth 2005:346)。

比较话语分析是“一种潜在的富有成效的实证研究方法”（Howarth 2005：346）。然而，比较特权往往被视为是不证自明的（Kantola 2006），并且很少直接反映其观点、前提条件和目标（Howarth 2005）。加拿大政治学家 Jane Jenson（1986）是最早应用这一方法的学者之一，她比较了美国和法国有关家庭及性别关系的政治话语。通过分析两种话语和社会机构的角色，Jenson 试图强调国家背景下因果关系的重要性。聚焦于话语而不是更具体的专注于说了什么与没说什么的产生过程，意味着比较话语分析本身并不一定关注任何形式的沉默。

在 Johanna Kantola（2006：38）的关于女性主义和国家理论的书中，她强调了“比较揭示沉默”。然而，Kantola 的重点是谁被排除在发言之外。在她对议会辩论文本资料选择的影响的方法论反思中，她解释了比较话语分析方法的一个不足：

这种方法的一个潜在不足是它无法为沉默话语提供材料或者空间，因为这些材料或空间可能太过边缘化，以致无法在议会中表达出来。例如，在芬兰，诸如萨米人（Sami）和吉普赛人（Roma）等少数民族的声音，以及他们潜在的对国家的不信任并没有在辩论中出现。（Kantola 2006：45）

本书中，话语等同于言语或者交流，而在 Kantola 的文献中，话语则等同于议会文本的汇编。沉默与边缘化群体声音的缺席结为一体。这种将沉默视为萨米人被排斥的声音，与 Lawrence（2005）的研究形成鲜明对比。Lawrence 的研究论述了公民话语权是如何限制了萨米人主张少数民族群体的地位，而 Kantola 关注的是群体、声音和话语权的获取，她认为议会辩论是/应当代表着社会上所有的人。与 Kantola 相比，Lawrence 关注的则是话语如何通过相关联的规则以及诸如“公民”等主导性概念，使某些群体而不是其他群体获得发言地位，并被承认为是合法的发言人。

南非政治理论家 David Howarth（2005：333－335）认为，文本的比较可以通过与另一个不相似的文本而不是相似文本的对比，使我们从自然化的语境中异化出来。如此一来，比较话语分析可以用于识别话语中的沉默，以维持理所当然的真理（见 Rönnblom 2011：21）。Howarth 提供了两个有用的方法来揭示沉默是如何充当合理化或是正当化机制的：用另一个文本来对比给定文本，用另一种情境或时间，或是用某种“走向极端”形式的理想来对比给定的话语。让我们简单梳理下这些策略①。

用来自另一个语境的文本与被认为是“明显的和自然的”文本进行对比，有助于促进异化，并与真实的事物保持距离（Howarth 2005:333）。例如，丹麦社会科学家 Jette Kofoed（2007）使用一篇关于学校中包容与排斥社会进程的文章来分析了在校学生之间进行调解的文本。Kofoed 的分析策略不是侧重于相似性和差异性，而是以一种战略性方式将文本结合起来阅读。第二个文本是通过对第一个文本的透视来阅读的——它是一种借助于沉默的异位的阅读策略，例如文本中惩罚的缺失，起到了使话语合法化和授权的作用（Kofoed 2007）。

在比较历史文本缺席的情况下，可以用诗歌或小说等虚构文本来对比既定的话语。这种比较形式为研究和识别存在与缺席提供了新的“思维工具”②。使用一个虚构文本涉及从另一个完全不同的立场看待自然化的现象，它拓展了比较话语分析的应用，以识别用于维护现有事实的沉默。例如，政治化的行政文本可以通过使用小说的“思维工具”来阅读吗？在一位加拿大作家及前家庭帮工的作品：一篇题为《体会饥饿》（To feel hunger）（Brown 1994）的短篇小说中呈现了这种方法。故事讲述了一位身患绝症的老年女性，她一吃东西就呕吐，她的家人、朋友和家庭帮工为了让她吃一点东西而做了种种实际的、情感的和沟通性的工作。通过使用虚拟文本来对比既定的话语，研究者可能潜在地疏远熟悉的话语，即从熟悉的话语中体会陌生感，并获得关于故事中和话语中的沉默的新的分析性见解。

比较话语分析可以以多种方式得到应用。有些研究将沉默看作是特定声音的缺席，但我希望将对沉默的研究当作一个进程，在这一进程中，话语暴力性地遗漏了一些东西，同时它也是语言表达的一个可能性条件。因此，话语分析可以在某些方面更加具有反思性，而在其他方面则较少具备这一点。在 Kantola 的著作中，比较话语分析可能很少反思研究者的角色，而在 Howarth 和 Kofoed 的研究中，研究者的角色、比较文本的选择以及阅读是如何完成的，它们都是具有反思性的。

① 由于 Howarth 没有提供关于应用这种比较方法的具体建议，因此我从其他方面举出例子。
② Haraway 将“思维工具”理解为不透明的认知过程，它们同时也是物质过程，在这一过程中，分类可能会受到困扰，而意义的稳定性也会被颠覆（Lykke et al. 2000）。

记忆工作法

揭示沉默的第三种策略是记忆工作法，该方法是一种围绕德国心理学家 Frigga Haug(1987)的研究发展起来的、具有明显女性主义特征的方法，后经由 Crawford(1990)和 Widerberg 等人(1995)重新进行了阐释[①]。与二十世纪七十年代女性主义运动中的“意识觉醒团体”相类似，记忆工作法本质上是集体性的和变革性的[②]。用该方法的发起者的话来说，该方法是用来寻找“无名者、沉默者以及缺席者”的声音(Haug 1987:65)。记忆工作法既可以识别特定的、个体的沉默(话语之外)，也可以识别自然化的、沉默化的实践(话语之内)。然而，对于研究者和参与者而言，它是一项要求很高的技术工作，我将在下文给出理由。

Farrar(2001)区分了记忆工作法的三个阶段，同时描述了其三个构成要素：(1)回忆并记录由共同主题引发的主观意义上的重大事件；(2)将记忆与其他记忆甚至理论联系起来；(3)分析书面文本或是记录/转述的文本。“回忆”是打破沉默的一种方法，是通过共同的主题来实现的，例如一个人的头发和身体或与性别化的研究相关(Haug 1987)；或成为触发机制，例如国旗与唤起对国家和性别的记忆相关(Jansson et al. 2008)。记忆的细枝末节也将被描述出来，即使被认为是无关紧要的。

记忆工作法在一定程度上依赖于放弃研究主体与客体间的界线，它们是一个整体(Haug 1987:34)，需要建立在一个定期聚会的团体上(Farrar 2001)。在团体中，个体大声朗读他们的故事给其他人听，然后每一个成员依次表达他们的观点和想法。过程中，团体成员寻找故事之间的相似性和差异性，并试图建立两者间的联系。为了试图解释和绕过主导话语的影响，成员们也应该寻找矛盾、陈词滥调和沉默的话题(Onyx & Small 2001；Berg 2008)。寻找沉默被描述如下：

团体还检查了那些没有被写进记忆中的内容(但可能是预期的)。沉默有时是

① 虽然是作为一种女性主义方法产生，但其应用并不局限于该领域(Berg 2008)。

② 唯一的例外是 Widerberg (1995)，他开发了供个人使用的记忆工作法。

有说服力的，并指向意义深远的问题，但是对作者来说是痛苦的或是特别有问题的。(Onyx & Small 2001：777)

在我们的术语中，"沉默"概念指的是尚未被参与者纳入话语的沉默。在此，我们看到了应用该方法所涉及的一个严苛元素。通过记忆，参与者不仅发现了他们自身缺席的声音(个体的或是群体的)，而且还被要求与他们自身的以及其他人的故事保持距离，以便发现那些没有被说出来的话语。这一实践要求参与者以及研究者都要有高度的自我问题化的能力。然而，当注意力被引导到那些特定记忆中的沉默的一般实践时，它也表明了记忆工作法的潜力，即在话语中识别沉默的能力。

记忆工作法既费力又困难，例如，在挪威的一个主题为"白人"的不成功的记忆工作项目中，研究人员和团体成员在看到并写下无标记的(沉默的)白人时遭遇到了巨大的困难(Berg 2008)。因为关于白人的话语占据了主导地位，以至于参与者和研究人员都缺乏共同点，那就是为什么对白人的沉默是一个问题的共同理解(Berg 2008：221)。

记忆工作法的成功似乎取决于措辞的选择或是用于激发团体成员记忆的触发器的类型，成功的记忆工作法的其他先决条件是相互信任的情境。如果可以避免记忆工作法中的危险，比如个性化和心理化 (Jansson et al. 2008)，那么记忆工作法可以成为识别沉默的一种有用方法，在这里理解为参与者在给定主题(外部的)上缺席的声音和体现在话语中的沉默化实践。它仍然是一种高要求的研究方法，因为它需要花费大量时间来产生记忆，并且需要在团体中产生必要的高度信任和自我问题化。撇开关于识别沉默方法的讨论，下面我们展示一些在历史上以及更现代的背景下发生的关于沉默的具体例子。

沉默化的"孤独"与"职业化照护者"

在照护规范中，当关联性、客体以及特定主体(位置)无法表达出来并因此而不复存在时，我们就可以识别沉默。我们从丹麦老年照护治理中的沉默的两个案例开始，它们涉及无法（或者不再）表达出来的主题、需求和关系。一个例子是历时性的，它涉及沉默化的“孤独”。另一个例子是最近发生的，是关于“专业照护人员”在市场化主导话语中的沉默。作为背景知识，让我简要介绍一下北欧国家的老年照护，尤其是丹麦的老年照护。

北欧福利国家的典型特征是社会服务的普遍性，这些服务无需交税，在国家集中管理下，由市政当局负责当地的管理（Burau et al. 2007）。“普遍性”一词意味着社会服务“是为所有公民设计，实际上大多数公民使用了这些福利和服务。”（Anttonen 2002：71）。北欧福利国家的一个核心服务领域是为老年人提供照护，通常被认为是北欧福利国家女性主义的体现之一，也是“再生产进入公共领域”过程的结果（Hernes 1987）。对老年人的照护既包括在较大的装备有设施的机构中的照护，例如养老院；也包括居家照护，且照护的重点已转向在老年人自己的住宅中提供照护。这一政策被编入“尽可能长时间待在自己的家中”（as long as possible in your own home）的口号中（Burau & Dahl 2013）。同时，国家已经设计了照护工作的职业化（Dah & Rasmussen 2012），经过培训和认证的家庭帮工被看作是福利专业人员，他们具有独特的、一般性的知识和一定的自主权，但是不像医生等更典型的、精英的职业那样具有垄断性（Johansson 1995；Rasmussen 2001）。家庭帮工可以未经任何专业培训就被雇佣，但这并不是最为典型的情况。为了培训福利专业人员，社会建起了职业培训学校（Meagher & Szebehely 2013）。北欧国家在老年照护方面存在许多的相似之处，包括普遍性、服务筹资以及主要的行政管理层次等方面。然而，北欧国家在老年照护方面也存在一定的差异（Rausch 2008），其中一些差异关乎市场化的速度、程度和起源（Meagher & Szebehely 2013）。

老年照护受国家各层级政府的管理，而政策受主导话语的影响。这些话语阐明了当前的照护理念，包括什么是优先考虑的需求以及如何满足这些需求。此类话语揭示了有关老年人的主导观点，国家在决定为老年人提供什么样的照护和他们如何得到这些照护中所扮演的角色。话语随着时间的推移而发生着变化，反映了需求解释的政治和对被视为可管理的需求的普遍限制（Fraser 1989）。断断续续地，一些主体身份或是他们的部分需求从话语中消失。一些主题消失了，而另一些主题却凸显出来，例如老年人对自我照护“负责”的观念。

让我转到历史的例子上。从 1943 年至今，如果我们用系谱学方法研究丹麦老年照护中的政治-行政话语就可以发现，随着时间的推移，它以各种方式发生了重大变化(Dahl 2000)。当使用该方法来研究时，需求和身份会发生变化，有时甚至会消失。1968 年以前，照护理念中的一个关键性要素是“缓解痛苦”和“缓解孤独”。老年人被视为是需要关注、友好交谈和安慰的（丹麦语中 hygge/‘coziness’一词）。这一主题反映了人们对老年人的传统印象：老年人不仅是独立居住的，也是孤独的，需要家庭帮工陪着聊聊天或是关心一下，家庭帮工可以将一些快乐或是“外部世界”带进老年人的起居室(Folketingstidende: Forhandlinger i Folketingsåret 1957－1958:2638、2633)。1969 年以后，“孤独”主题从话语中消失，只因为它根本不再有任何用处。在这方面的照护似乎有一个沉默化的进程，更广泛地说，政策声明和文件揭示了老年人正远离消极和不愉悦的方面(“孤独”和“痛苦”)，取而代之的是进入一个更加积极的主题，它强调老年照护是提供“福祉”和“自我实现”(Dahl 2005)。这些令人振奋的主题掩盖了逐步老化中消极的、阴暗的一面，并开辟了一条新的照护路径。一些需求从政策文件中消失，取而代之的是一种完全不同的、对老年人更为乐观的看法：老年照护令人振奋。

让我们将照护工作职业化作为最近的有关沉默化进程的例子(Dahl 2010)。北欧福利国家已经参与了基于职业教育和培训体系的职业化照护工作。政治-行政话语强调了福利工作的“主动性”、“预防性”特点，以及使老年人“活动”起来的专业方面。在丹麦语境中，这一点与阐述福利专业人员的自主性同时发生，即在政治-行政话语中使用诸如“自治团体”等术语。总之，它体现了一种关于他们资格的特殊理念，强调他们作为职业照护人员的身份，以及在特定治理形式下的自主权。然而，21 世纪以来，这种话语开始发生了变化。职业的家庭帮工(亦即有资质的社会和健康助手)完全从话语中消失了。取而代之的是一个新的词汇，诸如“助手”“工作人员”“执行人员”(‘udførende personale’)“同事”“承包人”等。由此，合格的照护人员从话语中消失，却简化为一种匿名形式的、无资格的、更加模糊的工作人员/助手(Dahl 2010)。变化的词汇会产生新的理解和新的世界，我们可以推测不同理解和国家不同部分之间的冲突，我将在下一章中重新讨论该问题。在此，我只想指出，市场化、外包和老年消费者的“自由选择”等新自由主义话语似乎对福利专业人员创造了新词汇和新的理解，从而导致了一些专业资格被压制。这种关于选择的新自由主义话语，与外包及强调“积极的公民”和自治的个体的话语一起蓬勃发展，我将在下一章作更为详细的阐述。老年人根据自身的需求、偏好和财务来源决定照护策略(Newman & Tonkens 2011)。

基于系谱学的解读,以上两个例子揭示了特定身份和需求随着话语的演变和变化而改变和沉默的。因此,在政治-行政的话语中不再专注于老年人的孤独问题,也不可能像以前一样理所当然地提到职业照护人员,同样也不可能将照护仅仅看作是国家责任。这些例子阐明,职业化资格和自主性已经变得越来越不明显,而且越来越沉默了。本章中,我没有讨论在沉默化进程之前发生的冲突。呈现以上两个解释性例子的目的是为了证明沉默化正在发生,我们可以找到更明确地揭示它们的方法。很显然,我们需要更为深入的研究,以识别与沉默进程平行发生的具体冲突的轨迹,以及使沉默化发生的逻辑。

小结

沉默是任何话语的一个构成特征,且无法完全避免。然而,通过细致的工作,我们可以揭示一些受我们的分析重点限制的沉默。我的注意力一直集中在话语中的沉默上,而不是一种以机构为中心的方法,策略性地隐瞒信息。沉默被证明是一个积极的过程,如沉默化。承认沉默化作为一个可能性条件意味着我们不能让一切都可视。然而,我们可以尝试性地揭开老年照护中的一些沉默进程。从哲学的角度具体地思考与照护相关的沉默化,从 Mol 及法国后现代女性主义学者的立场出发,我们可以看到照护是如何在现有的照护话语中既是一种异化物又是一种替代品。照护必须被操控、调整和扩展,以适应现有的话语体系,由此,它成了原有照护的“替代品”。

当展开研究时,沉默是通过分析性的、历时性策略来加以识别的,例如源自 Faucault 的系谱学或是考古学。在本章中,我介绍了另外三种共时性分析策略:解构、比较话语分析和记忆工作法。我阐述了它们的起源,各自不同的应用,以及这些策略的潜在问题。此外,我还从我的个人研究中提取了两个例子:一个是关于老年人“孤独感”沉默化的历史例子,一个是最近发生的有关职业照护人员沉默化的例子。它们都展示了当前持续进行的沉默化是如何发生的,如何影响需要照护的人和那些从事照护工作并重新建构照护话语的人们的。在下一章中,我将转向一个最新的诸如新公共管理和新自由主义的话语上,以及在国家机器内部反对沉默化的斗争，即与国家相关联的、有关规范属性的更具普遍意义的斗争。

参考文献

Ahrenkiel, A., et al. (2012). Dagsinstitutionsarbejde og pædagogisk faglighed. Frederiksberg: Frydenlund.

Ahrenkiel, A., et al. (2013). Unnoticed professional competence in day care work. Nordic Journal of Working Life Studies, 3(2), 79 - 95.

Anttonen, A. (2002). Universalism and social policy: A Nordic-feminist revaluation. NORA, 10(2), 71 - 80.

Bacchi, C. (2009). Analysing policy: What's the problem represented to be? Frenchs Forest: Pearson Education.

Bacchi, C., & Dahl, H. M. (2012). Silencing—Inside/outside. Unpublished work-in-progress.

Berg, A.-J. (2008). Silence and articulation: Whiteness, racialization and feminist memory work. NORA, 16(4), 213 - 227.

Boyne, R. (1990). Foucault and Derrida—The other side of reason. London/New York: Routledge.

Brown, R. (1994). At føle sult. In R. Brown (Ed.), Kroppens gaver (pp. 47 - 62). Århus: Klim.

Burau, V., & Dahl, H. M. (2013). Trajectories of change in Danish long-term care policies: Reproduction by adaptation through top-down and bottom-up reforms. In C. Ranci & E. Pavolini (Eds.), Reforms in Long-term care policies—Investigating institutional change and social impacts (pp. 79 - 96). New York: Springer.

Burau, V., et al. (2007). Governing home care: A cross-national comparison. Cheltenham: Edward Elgar.

Butler, J. (1990). Gender trouble: Feminism and the subversion of identity. New York: Routledge.

Carrette, J. R. (2000). Foucault and religion: Spiritual corporality and political spirituality. London: Routledge.

Cixous, H. (1980). Sorties. In E. Marks & L. Courtivron (Eds.), New French feminisms (pp. 90 - 99). Amherst: The University of Massachusetts Press.

Crawford, J., Kippax, S., Onyx, J., Gault, U., & Merton, P. (1990). Emotion and gender: Constructing meaning from memory. London: SAGE.

Dahl, H. M. (2000). Fra kitler til eget tøj—Diskurser om professionalisme, omsorg og køn, Ph. D. thesis. Århus: Politica.

Dahl, H. M. (2005). A changing ideal of care in Denmark: A different form of retrenchment? In H. M. Dahl & T. R. Eriksen (Eds.), Dilemmas of care in the Nordic welfare state—Continuity and change (pp. 47 - 61). Aldershot: Ashgate.

Dahl, H. M. (2010). Nye styringsformer og anerkendelseskamp—Den vrede hjemmehjælper? Kvinder, Køn & Forskning, 19(4), 19 - 30.

Dahl, H. M. (2012). Tavshed som magt og afmagt. Tidsskriftet Antropologi, 33 (66), 3 - 16.

Dahl, H. M., & Rasmussen, B. (2012). Paradoxes in elderly care: The Nordic model. In A. Kamp & H. Hvid (Eds.), Elderly care in transition—Management, meaning and identity at work: A Scandinavian perspective (pp. 29 - 49). Copenhagen: Copenhagen Business School Press.

Derrida, J. (1976). Of grammatology (G. C. Spivak, Trans.). Baltimore: Johns Hopkins University Press.

Derrida, J. (1978). Writing and difference (A. Bass, Trans.). Chicago: The University of Chicago Press.

Derrida, J. (1981). Disseminations (B. Johnson, Trans.). Chicago: The University of Chicago Press.

Derrida, J. (1988). Letter to a Japanese friend. In D. Wood & R. Berbasconi (Eds.), Derrida and différance. Evanston: Northwestern University Press.

Eveline, J. (1994). The politics of advantage. Australian Feminist Studies, 19 (autumn), 129 - 154.

Eveline, J. and Bacchi, C. (2005). What are we mainstreaming when we main-stream gender. International Feminist Journal of Politics, 7(4), 496 - 512.

Farrar, P. D. (2001). Too painful to remember: Memory-work as a method to explore sensitive research topics. http://epress.lib.uts.edu.au/dspace/handle/2100/414. Accessed 9 Sept 2016.

Folketingstidende: Forhandlinger i Folketingsåret 1957 – 58.

Foucault, M. (1967). Madness and civilization: A history of insanity in the age of reason. London: Routledge.

Foucault, M. (1972). The archeology of knowledge (6th ed.). London: Tavistock/Routledge.

Foucault, M. (1976). Lecture one: 7 January 1976, in 'Two lectures'. In C. Gordon (Ed.), Michel Foucault power/knowledge: Selected interviews and other writings 1972 – 1977 by Michel Foucault (C. Gordon, L. Marshall, J. Mepham, & K. Soper, Trans.) (pp. 78 – 92). New York: Harvester Wheatsheaf.

Foucault, M. (1984 [1976]). The history of sexuality: An introduction (R. Hurley, Trans.). London: Penguin Books.

Fraser, N. (1989). Talking about needs: Interpretative contexts as political conflicts in welfare state societies. Ethics, 99, 291 – 313.

Gasché, R. (1986). The tain of the mirror. Cambridge, MA: Harvard University Press.

Han, B.-C. (2012). Transparenzgesellschaft. Berlin: Matthes & Seitz Verlagsgesellschaft.

Haug, F. (1987). Memory work. In F. Haug (Ed.), Female sexualization (pp. 29 – 72). London: Verso.

Hemmings, C. (2011). Why stories matter: The political grammar of feminist theory. London: Duke University Press.

Hernes, H. (1987). Welfare state and woman power—Essays in state feminism. Oslo: Universitetsforlaget.

Howarth, D. (2005). Applying discourse theory: The method of articulation. In D. Howarth & J. Torfing (Eds.), Discourse theory in European politics: Identity, policy and governance (pp. 316 – 349). Basingstoke: Palgrave Macmillan.

Huckin, T. (2002). Textual silence and the discourse of homelessness. Discourse & Society, 13(2), 347 - 372.

Irigaray, L. (1979). Das Geschlecht, das nicht eins ist. Berlin: Merve Verlag.

Jansson, M., Wendt, M., & Åse, C. (2008). Memory work reconsidered. NORA, 16(4), 228 - 240.

Jenson, J. (1986). Gender and reproduction: Or, babies and the state. Studies in Political Economy, 20(summer), 9 - 46.

Johansson, S. (1995). Introduktion. In S. Johansson (Ed.), Sjukhus och hem som arbetsplats (pp. 9 - 43). Stockholm: Bonniers.

Kantola, J. (2006). Feminists theorize the state. Basingstoke: Palgrave Macmillan.

Kofoed, J. (2007). Ansvar for egen elevhed. Suspensive komparationer på arbejde. In J. Kofoed & D. Staunæs (Eds.), Magtballader—14 fortællinger om magt, modstand og menneskers tilblivelse (pp. 99 - 121). Copenhagen: Danmarks Pædagogiske Universitetsforlag.

Kristeva, J. (1991). Kvindetid. In T. Ørum (Ed.), Køn og moderne tider. Århus: Tiderne skifter.

Law, J. (2007). Making a mess with method. In W. Outhwaite & S. P. Turner (Eds.), The SAGE handbook of social science methodology (pp. 595 - 605). New York: SAGE.

Lawrence, R. (2005). Sami, citizenship and non-recognition in Sweden and the European Union. In G. Cant, A. Goodall, & J. Inns (Eds.), Discourses and silences: Indigenous peoples, risks and resistance (pp. 103 - 114). Christchurch: University of Canterbury, Geography Department.

Lykke, N., Markussen, R., & Olesen, F. (2000). There are always more things going on than you thought: Methodologies as thinking technologies—interview with Donna Haraway. Kvinder, Køn & Forskning, 9(4), 52 - 60.

Meagher, G., & Szebehely, M. (2013). Four Nordic countries—Four responses to the international trend on marketisation. In G. Meagher & M. Szebehely (Eds.), Marketisation in eldercare (pp. 241 - 288). Stockholm: Department of Social Work,

Stockholm University.

Moi, T. (1985). Sexual/textual politics. London: Methuen.

Mol, A. (2008). The logic of care: Health and the problem of patient choice. London: Routledge.

Newman, J. , & Tonkens, E. (2011). Introduction. In J. Newman & E. Tonkens (Eds.), Participation, responsibility and choice: Summoning the active citizen in Western European welfare states (pp. 9 - 28). Amsterdam: Amsterdam University Press.

Onyx, J. , & Small, J. (2001). Memory-work: The method. Qualitative Inquiry, 7 (6), 773 - 786.

Patai, D. (1983). Beyond defensiveness: Feminist research strategies. Women's Studies International Forum, 6(2), 177 - 189.

Ranci, C. , & Pavolini, E. (2011). Reforms in long-term care policies in Europe: An introduction. In C. Ranci & E. Pavolini (Eds.), Reforms in long-term care policies—Investigating institutional change and social impacts (pp. 3 - 22). New York: Springer.

Rasmussen, B. (2001). Corporate strategy and gendered professional identities: Reorganization and the struggle for recognition and positions. Gender, Work & Organizations, 8(3), 291 - 310.

Rausch, D. (2008). Diverging old-age care developments in Sweden and Denmark 1980 - 2000. Social Policy and Administration, 42(3), 267 - 287.

Ritzaus Bureau. (2007a, September 20). Varme hænder er tyske.

Ritzaus Bureau. (2007b, December 29). Ældreplejen forringet trods reform.

Rönnblom, M. (2011). Poststructural comparative politics: What to compare and how. In A. Bletsas & C. Beasley (Eds.), Strategic interventions and exchanges: A festschrift in honour of Carol Bacchi (pp. 121 - 140). Adelaide: University of Adelaide Press.

Spivak, G. C. (1994). Can the subaltern speak? In P. Wiiliams & L. Chrisman (Eds.), Colonial discourse and post-colonial theory—A reader (pp. 66 - 111). New

York: Columbia University Press.

Staten, H. (1985). Wittgenstein and Derrida. Oxford: Basil Blackwell.

Tronto, J. (1993). Moral boundaries: A political argument for an ethic of care. New York: Routledge.

Widerberg, K. (1995). Kundskabens kön—minnen, refleksioner og teori. Stockholm: Norstedts publishers.

Whitford, M. (1991). Luce Irigaray: Philosophy in the feminine. London: Routledge.

第五章　规范老年照护与冲突

冲突的另一个关键性领域是照护的政治规范。研究规范意味着将我们的目光转向国家，并不是因为它是照护的唯一规范机构，而是因为国家是规范的关键场所之一。在政治学领域中使用了各种各样的概念来指代不断变化的支配性条件和特征，例如“政府”“治理”和“治理术”等术语。新概念的绝对数量之多表明，在当代关于规范性质变化的讨论中存在分歧。在本章中，我将从广义的元理论意义角度讨论规范，涉及当代背景下权力的使用——同时我将考虑这个一般性的讨论是如何与具体的老年照护领域联系起来的。

在早期的女性主义研究中，政治规范被视为不同于照护甚至是相对立(Wærness 1987)。Wærness 认为政治规范体现了一种不同的(和工具性的)理性，并与照护的理性无关。通过强调照护的特殊性，Wærness 为命名一种新的(迄今未见的)行为做出了贡献。照护就是工作，在科学议程上被定义为一种工作。不幸的是，Wærness 在同质化和理想化照护的同时，也妖魔化了其政治规范。事实上，规范是不可避免的，因为照护已经被政治化了。于是，我们有大量关于照护和照护政策性质的话语。我们不仅看到有关照护话语的激增，还看到规范的意愿也在加强，尤其是在老年照护领域。在国家层面上，由公务人员和专家撰写的硬法和软法措施以及报告越来越多，这些措施和报告对市政当局具有启发性作用(Dahl 2000)。

从分析的角度看，我们可以区分有关规范手段的冲突和规范内容的冲突。当前，关于规范照护(如何管理照护?)的不同论述之间的冲突仍在进行着，存在于照护标准与职业化/照护人员自主性之间。然而，也有不同类型的冲突更为明确地涉及照护内容(什么是照护?)，也就是说，在照护需求和符合要求的照护接受者之间的边界上存在冲突。两种冲突直接或间接地都关系到如何看待和界定照护，也都以微妙的方式反映了对老年照护的政治问题的不同理解以及解决方案。

在照护危机、人口老龄化下的财政负担、职业照护人员的工作条件和照护质量不足等方面，人们对老年照护问题的看法不尽相同。每一种问题的构建方法(Bacchi 2009；Dahl 2000)都指向一个具体的解决方案，即如何以设想的具体方案来缓解或解决老年照护的社会和政治问题。因此，一些专家和决策制定者主张使用更多的资源，而另一些人主张照护的市场化，还有一些人则呼吁通过恢复和康复来降低老年照护的成本，使他们的生活更为健康和积极。此外，还有人认为创新和福利技术是解决老年照护问题的方法。显然，其中的一些解决方案是相互矛盾的，它们自身产生并反映了照护领域的冲突。毋庸置疑，在具体的冲突中，规范的形式和照护的内容两种分析维度常常难以区分开来。

为了理解当代规范的重要特征，我们需要理解一点：没有从一种规范形式到另一种规范形式的单方向转变，相反，不同的规范形式以混合方式共存。通过引入治理和多层次治理的理论视角，我们可以获取有关规范形式的深入见解。治理理论是一种关于国家的理论，它既体现了对国家的分析，也体现了一种关于其发展与知识工具相关的历史论述，也就是 Faucault 所说的，一种通过专门知识以新的方式治理主体的特定形式(1991)。多层次治理涉及国家的各个层次：地方的(次国家)、国家的以及跨国或是超国家的。当前，治理促使我们超越民族国家范畴(Fraser 2008)，并考虑不同层次间同时发生的潜在冲突。冲突关乎谁来治理以及治理什么，在最有效的政策工具和关于照护新理念上产生了冲突，它们在全球范围传播但却始终无法确定其起源(Dahl et al. 2015a)。我们还看到，经合组织和世卫组织等全球行动者的作用在日益增强，政策工具和理解政策问题的框架从这些国际性组织延伸到各个国家政策背景中(Marcussen 2002；Sahlin-Andersson 2002；Kildal & Nilssen 2013)。因此，我在本章中将讨论的问题是：我们如何理解当今的照护规范？我们能够识别哪些与照护规范相关的冲突？

只有当我们考虑到规范的混合性特征、多层次治理与全球化治理同时进行的方式，以及规范的性别化事实时，我们才有可能分析当今社会老年照护的规范①。因此，本章的下一小节将讨论规范的混合性特征，之后讨论混合规范形式中的冲突。在“多层次、全球治理”(Multilevel, Global Governmentality)一节中，我强调了照护的多层次以及全球治理方面，其后，我将举例说明这一规范模式下的矛盾和冲突。在“性别化规范”(Gendered Regulation)一节中，我描述了规范的性别化方面。接下来的“关于性别化规范的冲突”(Struggles about Gendered Regulation)一节，我举出了有关这种规范模式之下的矛盾和冲突的例子。最后，我就照护规范性质的变化给出结论。

从治理到混合形式的规范

对照护的规范不是中立的，它关乎照护是如何被支配的，因为它塑造了我们对自身及责任的理解。因此，任何形式的规范都会创造一种看待社会和世界的特定方式，一个政治义务的框架以及一种关于社会机构角色和责任的理解。对老年人来说，照护是一种社会福利，那么他们是享受权利的公民吗？或者说，他们是自由选择照护服务的消费者吗？家庭帮工是知识渊博的专业人士，亦或他们仅仅是以最为实惠的价格提供简单服务的“照护人员”？在老年照护领域中有几种逻辑和形象在运行，但是上面的例子说明了不同的形象如何创造出不同的社会世界。

早些时候我就提到，在一个具体的规范方向上没有单一方向的行动。相反，这是一张混乱的、难以确定的画面。然而，我们可以通过官僚体制识别一种从政府到复杂的、混合的规范形式的转变，也就是说，一场由 Weber 所展望的官僚体制的规范方式演变而来的运动(1921)。正如在第二章中阐述的，Weber 将官僚体制视为超越其他形式的治理，因为它确保了决策是基于抽象的规则、可预测性和专业知识。但这并不意味着在作为行政机构的组织中，官僚体制已经过时并为其他形式的治理所取代。相反，它意味着治理的新形式已经被引入，由此，在一定程度上减

① 规范可以有不同的交叉点，例如种族歧视和性别歧视。然而，本文中我分析的重点是性别、种族、民族和阶层。

少了官僚体制的治理。Weber 的官僚体制的理想类型包含一种情感无私的准则，并以此作为个人偏好和专断的挡箭牌。因此，与其大张旗鼓地声称要朝着一种特定形式的规范方向发展，不如将当前的形势视为规范的混合性特征，即多种规范形式并存的局面（Christensen 2012；Dahl 2015）。

官僚化理性一直存在的一个例子就是禁止公务人员收受礼物。受国家雇佣或者资助的专业人员和照护人员（通过与公司或者非营利组织签订合同）不允许接受老年客户免费赠送给他们的礼物，因为被视为官僚化理性下的一种贿赂，可能会导致送礼者比不送礼者得到更多的优待。另一个例子是所有的北欧国家的照护都包含评估过程，它规定了老年人在多大程度上有资格获得某一特定形式的照护。福利专员使用指导原则和类别来评估必要的照护水平，提供一个基于老年人的客观需求，而不是根据个体偏好或是同情的公正的评估结果①。

另一种被认为受新自由主义启发的规范形式，是在二十世纪八十年代后期引入进来的②。新自由主义常常被看作是一个宽泛的、难以捉摸的、且有时不一致的概念（Larner 2000；Venogopal 2015）。然而，社会科学中的关键概念都是“本质上有争议的概念”，并且是冲突领域的一部分。关键概念总是缺少足够的定义，因为围绕其含义的争论是学科的核心。可以想象一下，在某种程度上，“权力”“民主”“公正”“性别”和“阶层”等概念都是有争议的概念（Lukes 1974；Venogopal 2015：7）。受 Faucault 及美国政治理论家 Wendy Brown 的启发，我使用“新自由主义”概念。作为一种政治话语，它将市场的逻辑延伸至所有的制度和社会行动中，重新将国家定义为服从于经济并产生计算主体而不是遵守规则的主体（Brown 2003）③。需要补充一点，新自由主义是一种动态的话语，随着时间的推移而发生变化，并能够转化为各种制度化环境（Kjær & Pedersen 2001）。虽然新自由主义已经延绅至国家范围之外，但我的分析仍然集中在国家及其新自由化进程上。国家不再被视为权力的中心，而是享有特权话语的场所（Prado 1995）。在将话语看作一个动态

① 值得注意的是，患者对医生的期望发生了变化（Obling 2012）。他们在他们的情感困扰中被识别和察觉，医生参与他/她自身的情感管理。这种变化可能是与后现代性以及追求亲密感和真实性有关的更普遍趋势的一部分。从这个意义上说，人们正在远离官僚主义的无私理想，更加强调对专业人士的渴望。

② 另一个常被用作同义词的概念是 NPM（新公共管理）。

③ 也存在其他女性主义学者对治理的阐释（Oksala 2013）。

的"实体"时，我们需要考虑合作的过程（Clarke & Newman 1997；Newman & Tonkens 2011），其中新的话语元素被整合进现有的话语体系之中。将新自由主义视为新自由化的进程，意味着新自由主义分析概念的边界不是一成不变的。然而，分析概念的优势在于它将不同的以及相关的发展联系在一起，例如市场化、自我责任化以及家庭/亲密他人和市民社会强烈的照护义务（Hoppania 2015a）。新自由化标志着北欧国家的一场文化革命，将市民重新定义为消费者，将职业人士定义为"供给者""服务提供者"或是"员工"，并将照护本身转变为可以更加高效的"服务"。

新自由主义以及新公共管理（NPM），已经成为一种跨国话语，通过诸如经合组织（OECD）（Marcussen 2002）传播开来，并将其转化为特定的国家和机构背景，稍后我将回顾这一点。在北欧福利国家背景下，冲突主要与新自由化的两个要素相关，即市场化和自我责任化。老年照护的市场化采取了准市场的形式，这是因为市场是由公共部门建立的，供应商通过竞争与市政当局签订合同（Andersen & Kvist 2015；Szebehely & Meagher 2013）。在丹麦，市场化被看作是控制螺旋式上升的照护成本的手段，也是解决僵化的服务和家长制作风的方案（Andersen 1997；Burau et al. 2016）。市场化必须转化为对一种"公平"的制度环境，一种非中央集权的国家，以及对"用户"及其"需求"和"自决权"的关注（Burau et al. 2016；Ældrekommissionen 1980－82）。

北欧国家新自由化的第二部分——自我责任化，指的是一种新的个体理念（Muehlebach 2012：38）。在这一理念中，个体被认为有对自己的生活承担（更多）责任的道德义务，即使是在失业或者生病等艰难情况下（Muehlebach 201238），而家庭或者公民应该承担起例如照顾家庭和/或共同体的责任。而老年人被视为有道德义务对抗疾病的发生，并保持身体健康与活跃。自我责任话语不是强调照护的关联性，而是强调自我照护，亦即自己照护自己（Foucault 1996；Dahl 2005，2012a）[①]。它将照护和高品质生活的全新理念带到了最前沿，由此，国家引入自我技术术语——例如在家接受训练——并在这样做的过程中，使老年人过上特定形式的高品质生活，并成为一个负责任、不会成为社会"负担"的公民。通过形成新的

① Foucault 认为，这一举动意味着一种从希腊语到罗马式的照护理念的重新定位：对自我照护的需要（Foucault 1996）。

政府治理理念，也即在更一般的意义上被恰当地描述为政府的理性与实践，具体表现为首先产生主体，通过唤起某些自我形象并使其合法化的同时将他人排除在外(Bröckling et al. 2010:13)。

官僚逻辑和新自由主义并不是仅存的两种规范形式。其他形式的规范，例如后新公共管理以及基于职业的规范，也应该提及。后新公共管理强调网络和跨部门合作(Christensen 2012;Dahl 2015)[①]，而基于职业的规范则建立在特定知识、技能和判断力的基础上(Freidson 2001)。

我已经概述了两种原则性的规范以及两种具体的规范，四种规范形式的矩阵创造了看待社会世界的不同方式、政治义务的不同形式以及照护工/专业照护人员/员工和老年人/公民/消费者的不同角色。这些不同形式的规范和相伴随的身份并存，但有时也会发生冲突。逻辑可以存在于不同层次和不同的具体性层次间。如前所述，旧的官僚体制逻辑与新公共管理(新自由主义)的思维方式共存就是一个例子，说明国家出资的照护的不同逻辑是如何共存的。然而，不同的逻辑也存在于个体层面，当使用这些逻辑时，也就是说，由机构推进时，它们可能会产生矛盾和冲突。我将在下一节中作详细的阐述。

混合规范形式下不同逻辑之间的冲突

过去的几十年中，国家一直在通过新自由主义和新公共管理改革塑造这样的格局:来自市场的话语转移到国家层面，以提供“更好、更便宜的服务”。改革浪潮和国家及其老年照护的新框架，使北欧福利国家成为强调公平和法制的特定制度背景。而丹麦的新自由主义则被转化为官僚体制化和标准化照护，以确保规范和法治，并获取照护内容和利用国家财政的控制权。新自由化的老年照护意味着加强对照护的政治和财政控制，以及对照护的编纂和改写(Dahl 2005,2009)。

“重塑照护”是指引入新的逻辑，并为职业照护人员即家庭帮工创造新的身份。通过引入新政策和信息技术工具，照护就发生了重塑:“通用语言”和消费主义。例

① 后NPM(后新公共管理)可以看作是对NPM(新公共管理)的不足的一种回应，例如“极化”。

如，在选择由市政当局提供的照护服务还是由私营机构提供的照护之间。让我引入一些个案研究的结果(Dahl 2009,2010,2012b)来说明，研究是关于家庭帮工如何看待自己，他们认同什么，以及在他们的日常照护实践中如何理解“良好照护”的(Dahl 2009,2012b)。我们可以将这些冲突看作是关于界定照护需求的冲突，因此，冲突也集中在试图让照护的某些部分以及提供照护的人员保持沉默上。

新的政策和信息工具是通过新的政治-行政话语来编纂照护的一种方式(Højlund 2004)。这种新工具被称为“Fælles sprog”(字面意思可以翻译成“通用语言”)，它规范了丹麦国内与老年照护相关沟通的实质部分(Hansen & Vedung 2005)。因此，对老年照护进行编纂、标准化和测量成为可能。照护的编纂以一种特殊的形式进行，它将照护依据不同功能而不是需求做了拆分(Dahl 2005)。由此，发明出一种特殊的语言，并在老年照护工作中引入了掌上电脑。现在，所有的市政当局都在使用新的信息技术工具来评估需求、决定照护方案、对照护人员的工作程序进行控制(Hansen and Vedung 2005)。

研究中，我识别出家庭帮工通过引入通用语言和掌上导航来应对新自由主义的三种策略。三种家庭帮工身份分别是家庭主妇、带薪工人以及专业人员，他们是从文本中抽象出来的形象。抽象形象是一种方法论工具，可以用浓缩的方式解释不同身份的含义(Søndergaard 1994)。出于对机构的关注，该研究表明，一些家庭帮工并不认同标准化，其中有人努力在他们的工作日程中保留一些照护需求，并持一定程度的自主权。三种身份中有两种值得重新思考：专业人员和家庭主妇。人们对以通用语言为代表的照护的新表达方式产生了抵触和冲突。这些策略可以看作是关于认可(Dahl 2009)的冲突，以及对照护的标准化和特定方面沉默化的冲突。专业人员正在努力抵抗劣质送餐中的沉默化，他们不认可为老年人制定的送餐时间安排，即每周只能为老年人提供一次“上门送餐”。他们的抵抗是基于对老年人的关心，担心老人不得不食用可能存在健康风险的过期食物。他们希望扩大服务的可获得性，并为扩大通用语言所确定和表达的需求而抗争。专业人员成功地在提供服务的清单上增加了一个新项目——“零食”，基本上是新鲜制作的三明治的速成版(Dahl 2009)。家庭帮工对行政和政治层面则采取了积极的立场，他们坚持保留在引入通用语言体系(以及上门送餐)之前他们已经控制的照护元素。他们为保持一种照护需求(“新鲜的三明治”)而抗争，为这一需求的沉默而抗争。

还有一种家庭帮手，我称她们为"家庭主妇"或是"家庭成员"，一个不太可能重现性别刻板印象的术语。她采取策略规避家庭照护责任的同时，但也接受了通用语言作为对其工作的正式描述。然而，她抵抗并继续履行一些次要任务，即"额外的任务"，也就是标准化照护任务之外的任务。她在圣诞节来临前为老人布置鲜花，装饰起居室，或是从阁楼上取来一盒圣诞节装饰品，以便让老年人自己装饰一下屋子。家庭主妇履行一些小任务，将房子装饰成一个家的任务。尽管她通过坚持自己的实践在抵抗标准化，但她并没有抵抗沉默化，因为这是由通用语言实现的。由于她的（沉默）抵抗策略，没有增加新的类别或功能（Dahl 2009）。

通用语言激起了种种形式的抗争。一些照护者以及职业照护人员为反对通用语言而抗争，认为作为一种信息技术工具，它引入了"时间暴政"的照护规范。一些人成功地反对将照护特定部分沉默化，并设法修改了照护标准和类别。而其他一些人并没有抗争，这些照护的要素则依旧保持沉默，并沦为"小事"。

新的照护逻辑不仅激起了从业者和管理层之间的冲突，而且，老年人自身在遭遇新逻辑时也会抗争。一项对自助帮助和可选的市场消费之间关系进行调查的个案研究表明（Hansen et al. 2011；Dahl et al. 2015b），康复（在丹麦语境中为"帮助自助"）已经成为照护领域的主导逻辑。它反映了对老年人的新的思考方式，以及从健康和活跃的个体话语中汲取专业知识的任务（同样见 Dahl 2009；Dahl et al. 2015b）。源自新公共管理（NPM）的新的照护理念与"称职的家庭主妇"（弱势者）的古老逻辑并存，它清楚地表达了"消费者选择"理念（Dahl 2009）。我们发现两种主要逻辑在没有矛盾的情形下并存——得益于将每一种逻辑翻译成它的低版本。帮助自助与职业能力及判断力相关联，而消费主义则与客户自治话语联系在一起。当分析观察结果时，我们发现在某些情况下，帮助自助是以牺牲对人的认知以及他们的脆弱性和需求为代价的。例如，帮助自助的新逻辑强迫一位 90 岁的老年人，在其自我照护理念中激发起活力和责任。以下描述性观察来自我和两位同事的一项早期研究，阐明了这一新学科领域的动态（摘自 Dahl et al. 2015b）[①]。

一个持证的家庭帮工进入了这对老年夫妇的房屋（她有钥匙）。夫妇俩都还在床上，接着，男主人坐起身去了盥洗间。家庭帮工和他一起进去并帮他拿掉了尿

① 研究助理 Tina Borgen (Hansen et al. 2011)进行了观察。

布，男主人开始脱掉衣服自己冲洗。家庭帮工协助他……男主人回到他的床上，开始穿家庭帮工给他找出来的衣服。他等着家庭帮工帮他找一张绷带以缓解疼痛……她将内裤递给男主人并协助他穿上。对男主人来说，他很难独立穿上，因此家庭帮工协助他完成。她将袜子递给男主人，他是想穿上结果却是徒劳。"我无法穿上"，他说。"是的，是的"，家庭帮工回答道，"你只需要拉上就行。"男主人又尝试了一次，又一次，他说他还是不行，而且她比他更擅长。她又一次教他怎么完成，她挪过一张凳子，并将男主人的腿放在上面。再一次，她教他如何用双手来穿袜子。最终，他成功了。接着，她将长裤递给男主人，他试着穿上，她必须得协助他，她指导他穿上鞋。她将他的衬衫递过去，协助他穿上。她替男主人扣好衬衫扣子，并给他递上眼镜和一把梳子。男主人吃完早饭，拄着拐杖走到起居室，大喊道："我太累了，太累了。"她将剃须刀递给他，并让他自己刮胡须。（Hansen et al. 2011：50，由 HMD 翻译）①

正如以上观察所呈现的，家庭帮工说服男主人尝试着自己穿衣。然而，她也表现出一种更微妙的权力形式。当然，这自然是一个困难的局面，在改善及获得更多的自主权的希望与促进男主人更加积极地努力之间存在冲突，但似乎没有人接受男主人的疲惫状态或是他一再重复希望得到帮助的愿望。积极公民的理念再次得到强化，尽管是在人类脆弱的情境下。

现在，我将介绍另一个来自老年照护创新研究中的抵抗的例子。它涉及一个简单的辅助技术——"智能手杖"，一种创新的、专门为独居老年人设计的电子手杖，但是该创新产品的目标群体对此表示出抵抗。手杖是交互式的，也就是说，它包含一个小型电脑，旨在增强独居老年人的集体感和联系到一起的动力。然而，老年人争辩称他们并不孤独，并认为这不是什么严重问题。相反，他们害怕摔倒，指出如果他们摔倒了，没有人会来提供帮助。因此，老年人与创新团队一起对"手杖问题"进行了协商，并将其重新定义为是一个"安全化"问题——一款新手杖研发出来，如果手杖躺在地上两分钟，它将自动向市政当局或是负责老年人的私人公司发出紧急呼救信号(Ertner 2016)。

正如在第一章前言中阐述的，发生在 2007—2008 年间的职业照护人员的政治

① 该引文也已用于先前的文章(Dahl 2012a)。

动员(以及关于认可的冲突)也应被视为是反抗照护需求的编撰及修订的抗争。在此,丹麦社会见证了老年照护领域的职业照护人员的政治动员,即大规模的游行示威,他们要求有更多的时间来履行适当的照护职责,并要求承认他们作为职业人士的社会地位和更高的工资(Dahl 2009)。其中的一个例子提到,职业逻辑和官僚体制在编纂和界定照护功能上存在冲突。职业逻辑依据一种健康话语,认为由"送餐服务"系统提供的三明治如果保存一周的时间,就会存在健康风险。照护人员成功地修订了服务的内容,并编制了新的照护需求:"新鲜制作的三明治"。另一个对新自由主义话语下的自我责任化的抗争出现在老年人方面。我们观察到一位 90 多岁的老年男性是如何抵抗在"帮助自助"口号下"激活"自己穿衣服的。他反复声明自己很累,从这个意义上说明,他不想要如此"自助"式的照护。现在,让我们将个体层面的逻辑和潜在的冲突转移至国家和跨国层面的照护规范中。

多层次、全球治理

在本节中,我将概述一个初步的分析框架,该框架将多层次治理及治理理念,政策领域内的框架、解决方案、问题和技术的跨国传播相结合。尽管多层次治理和治理理念体现了不同的科学哲学,如下面内容所展示的那样,我将它们汇集于在一个理论框架下①。

"多层次治理"概念在很大程度上根植于欧洲学术界,它重点关注欧盟与其成员国之间的关系(Rönnblom 2014:2)。这一概念突出了国家政府与其他包括超国家的和次国家在内的参与方,如何分担责任以及争夺权力(Bache & Flinders 2004),从而形成不同的治理层次。多层次的关注让我们能够超越将欧盟成员国的动态视为不受约束的国家主权,而不是一个全能的欧洲超级国家。当前,多数分析人员认同欧盟的权威既不是完全受成员国政府垄断,也不是由欧盟超国家机构垄

① 治理理念源于后结构主义的思维方式,是一种扁平的话语本体论,而多层次治理似乎以一种更现实之一的科学哲学在运作。我应用多层次治理的方法来区分具有不同权力的话语,在多层次治理的不同层次上都可以找到具有高度权威性的政治行政话语。

断，而是它们之间的共享、谈判与竞争。更为复杂的是，欧盟在不同的政策领域的权威有所不同。法律和规范等正式制度赋予话语以权力，它们正式地确认了对不同社会群体进行分类、赋予权力与义务的特定方式，从而创建了需求、权利和义务的等级(Brodin 2005)①。

与金融等政策领域不同，老年照护不属于欧盟内部的超国家政策领域的一部分。相反，老年照护受开放协调机制(the Open Method of Coordination, OMC)的规范，是一种对话、协调、基准化的方法，是一种传统上被认为是权威性较低的规范形式(Borras & Greve 2004)②。自2004年以来，来自各成员国以及不同福利制度的政府部长们定期在OMC框架内举行会晤，讨论长期照护问题和政策(Kildal & Nilssen 2013)。OMC也是一种逐步帮助制定现有政策，并在欧盟内部建立“想象中”的命运共同体的方法 (Haahr 2004，摘自 Dale 2004)。照护制度可以归为受双重辅助性原则所管辖(Nousiainen 2011)，根据该原则，成员国和家庭就照护问题作出决策。关于冲突，照护制度可以应用多层次治理的分析方法来思考在规范权力和照护理念层次上以及层次间发生冲突的可能性。

治理是一个探索性且模糊的概念，由 Foucault 在其最后的几次讲座中引入(Foucault 1991；Dean 1999；Lemke 2007；Bröckling et al. 2010)，Lemke 甚至将治理称为是“难以消化的食物”(Lemke 2007)。对这一概念所指的内容有几种不同的解释，澳大利亚政治理论家 Mitchel Dean 指出，治理的核心是“行为操守”。治理是一种新的、微妙的、间接的规范形式，其中还包括一个历史性议题，即国家权力从相对直接的权力形式发展为间接的权力形式，权力在远距离行使，而不是通过立法(Dean 1999)。相比之下，Bröckling、Krasman 和 Lemke 则强调“治理”概念的分析和研究视角，也就是说作为一种理论视角(而不是国家理论)来分析广义上的规范的变迁 (2010：11，15)。我将运用治理理念来强调上述的两个视角：将其作为一种新的元规则和一种新的分析方法。但是我还将补充由 Faucault 的一位释义者，英国社会学家 Terry Johnson 发展而来(1995) 新形式的元规则。Johnson 将治理作

① 有关多层次治理的进一步讨论，请参阅我们的工作文件：《国家政府如何规范照护链？话语框、异质状态和多层次治理》(手稿)，作者是 Marlene Spanger、Hanne Marlene Dahl 和 Elin Petterson。

② 然而，欧盟内部的开放协调机制是跨国讨论政治问题，解决或减少所述问题的对策方案和社会技术的关键场所之一。

为国家与职业之间关系的一种新形式来加以关注①。对他来说，当国家通过职业来进行规范时，从业人员变得相互依存，职业也因此成为社会技术的工具。Foucault 将治理描述为一系列的政府机构和一整套的知识（Foucault 1991：103）。知识在国家与职业的紧密关系中发展起来，职业代表国家，并通过在特定的知识集群中开发的社会技术，以一种新的方式来治理。

在此，我将提供一个与老年照护密切相关的健康政策的例子。作为新公共管理/新自由主义的一部分，国家绩效指标已在选定的医院治疗形式中制定出来（Rasmussen 2012）。这是一个由跨学科的健康专业人员团队，代表国家确定了每一种治疗的标准（"基于证据"的最佳实践），进而确定要实现的各种目标。紧接着，设定目标，通过审计和结果控制来发展"质量"（Rasmussen 2012：35－42）。这就是政府官员及专业人士如何合作开发政策工具和标准来监测医院质量的方式，是 Foucault 和 Johnson 所论述的国家和职业相互依存的一个例子。

在对治理方式进行选择时，我采纳了由 Bröckling 等人（2010）提出的两个要素，他们将其描述为一种分析视角：关注"治理心态"和抵抗。这些与我的思考相契合，治理是指与理性相同的不同心态，又可以被描述为是论证和使自身立场合法化的方式。更具体地说，理性可以被定义为"使现实变得可想象的，从而易于管理的思维方式，也就是说，受计算和转变所制约"（Bröckling et al. 2010：11）。我使用的"逻辑"一词，与政府文献定义的"理性"方式相一致（同样，也与"心态"相一致）。

受治理理念启发的方法的另一个关键要素是"抵抗"，我在第一章前言中就做了界定。就像女性主义关于治理的文献告诉我们的那样，存在两种形式的抵抗：作为权力的另一部分的抵抗，以及作为对被压制的话语的抵抗（Macleod & Duurheim 2002；Oksala 2013；Harrington 2013）。抵抗是权力存在的条件，是行使权力的必要条件："哪里有权力，哪里就有抵抗。"（Foucault 1978：95）对 Foucault 来说，不存在没有抵抗的权力，因为它们就像是一枚硬币的两面。但是，还有一种抵抗，指向特定照护话语的再现，Foucault 在他"什么是批判？"的论文（1997）中作了详细的讨论，我在本书的前言中已经提到。它是一种抵抗，反映了一个永恒的问题：即

① 在此，我没有进入关于福利专业和北欧福利国家起源和关系的讨论中。相关详细信息，请咨询（Bertilsson 1990；Brante 2005）。

“如何不以这些原则的名义，怀着这样或那样的目标，通过这样的程序，而不是那样，不是为了那样，而是为了那些原则，并以那些原则的名义来治理。”(Foucault 1997:28)反抗作为一种阻止方式，指向了现有照护话语的边界，从而重新阐释了现有话语。机构不仅仅是话语的被动接受者(Bacchi 2005；Thomas Davies 2005)，同样对呈现给它们的逻辑和意义持积极的立场。因此，抵抗可以采取多种形式：不作为、顽固的坚持、异议、反抗、干扰甚至反叛(Bröckling et al. 2010:18－19)。

“全球治理”(Larner & Walters 2004)是一个新概念，它试图纠正治理研究中关于民族国家中心主义的偏见，并将全球纳入 Foucault 的治理理念之中①。全球治理构成了一个松散的理论空间，对其最适当的定义是：

> *这是一个对宪法提出质疑的研究方向，也是对超出、介于和跨越国家空间的治理提出问题的研究方向。命名本身是一种权力行为，我们使用“全球”，意指一个不应该被预先假定为多层次、全球治理的自然空间。在任何给定情况下，实证研究的任务仍然是确定所讨论的“国际的”、“全球的”还是其他什么类型空间如何被治理。(Larner & Walters 2004:2)*

“全球”元素的特征尚未得到充分的研究，无法证实它是否就是一个“全球”体系。然而，我们确实知道，其中的一个特征是它的跨国性(Fraser 2008)。这一概念已经在许多方面得到应用：从模型流通，流动的参与者，到跨国法律(Conrad 2011)。在此，我将“跨国”作为一种跨越国界的老年照护问题的解决方案和技术之旅。这里使用的“跨国”类似于 Christoph Conrad 标签的模型流通、旅行问题(例如健康风险)以及跨越国界的语言(例如“依赖性”等关键概念)(Conrad 2011)，并创建全球性知识体系(Fraser 2008；Pedersen 2011；Harrington 2013)。芬兰研究人员 Perti Alasuutari 和 Ari Rasimus (2009) 认为，经合组织由于其高度的合法性，在芬兰的政策文件中被用来使各种政策合法化，例如经济和治理问

① 美国哲学家 Nancy Fraser (2008:125) 提出了一个类似的概念，她称之为“全球化的治理”。基于对马克思主义对生产方式和规范形式之间关系的解读，Fraser 指出，一种新的后福特主义规范形式出现了。尽管我对她所理解的“全球化”这一尚未完成的动态因素表示同情，但我对她所描述的同质性，毫不含糊的治理体系及其与新生产方式的因果关系表示怀疑。

题。由于经合组织的合法性，这种使用其报告的情况也可能发生在其他成员国中。然而，话语的传播并不意味着国际话语向国家层面的扩散是无意识地发生，也不意味着它是单向的，话语可以是双向传播。经合组织是一个具有高度专业性和合法性的国际机构，通过发展其知识体系、术语和类别、统计需求、制定标准，提出"关键问题"，推广政策工具，并在各种论坛上交换意见来积极塑造政策话语(Marcussen 2002)。

举一个可以"向上扩散"政策的例子，即从国家层面传播到国际层面，它是我们对丹麦学前教育照护研究所得出的，显示了一个新的跨国知识领域的出现，而经合组织和欧盟是关键的参与者(Dahl et al. 2015a)。对于经合组织、欧盟及个体成员国家而言，确保学前教育和保育的学习和质量变得至关重要。在研究中，我们调查了"家长委员会"是如何与学前教育的"质量"相关联，以及话语是如何进行跨国传播的。"质量"概念是跨国新自由主义话语的一部分，家长委员会的理念和实践源自北欧的地方自治和个人自治传统。早在 1981 年，丹麦就提出建立家长委员会，并在 1992 年通过立法引入所有的学前教育中。丹麦话语的传播超出了国家边界，被重新表述并纳入跨国质量话语中。由此，儿童照护的质量通过父母的参与而得到保证，例如家长委员会(Dahl et al. 2015a:231－243)通过其对孩子问题的发声和知识，以及参与幼儿园的实践来确保儿童照护的质量。

老年照护通过不同层次的治理以新的方式进行规范，尽管其中的一些层次并不是新出现的。多层次治理包括民族国家、次国家(例如北欧国家的市政当局或德国的州)、超国家(例如欧盟通过管辖权)以及国际层面通过欧盟内部的合作(OMC的逐步增强)(Conrad 2011)、经合组织和联合国系统。这种超越民族国家、国家之间以及跨越民族国家的治理开始形成一种更加全球化的老年照护治理的轮廓。关于"老年照护问题"的跨国话语及其解决方案在全球传播的同时，我们也目睹了"移民实践"(Ong 2007)。如前面提到的丹麦学前教育体制的例子所示，传播并不是单方向的。在此，"质量"的跨国概念从丹麦传播出去，并作为现有"地方自治"和"个人自治"话语的一部分被吸收并重新传播。因此，我们可以识别跨国话语的种种输入来源，包括民族国家和创造的新知识领域。正如我所强调的那样，以经验方式调查、识别老年照护中起作用的逻辑以及所施加的阻力类型变得至关重要。现在，让我大胆地探讨多层次和全球治理可能引发的矛盾和冲突的方式。

多层次、全球治理的冲突

多层次治理中不同层次(次国家、国家和国际)可能因规范权力而引发矛盾和冲突。此外,针对"老年人负担"所提出的解决方案上存在的分歧可能会导致潜在的冲突。

当欧盟的积极精神遭遇北欧福利国家模式时,也可能产生分歧和冲突,因为北欧模式是由国家驱动的职业化老年照护。近年来,欧盟支持了一个名为"欧洲照护认证"(European Care Certificate、简称 ECC)的小规模项目,它是为在私人住宅中担任带薪初级照护人员建立的一种认证制度(https://innoserv. philnoug. com/content/unified-approach-care-certificate-entry-level-staff-%E2%80%93-european-care-certificate)。然而,欧盟正在建立的一套照护资格标准,与在北欧背景下执行的同类别照护所需的照护资格有冲突之处。尽管 ECC 的认证目标值得称颂,但是它可能会引发关于居家环境中老年照护最低需求的冲突——不同福利制度下关于知识在提供良好照护的作用与合理价值之间的冲突(Interview 2013)。

正如我们在上一节中看到的那样,在次国家层面上,当使用特定的政策工具和原则时可能会引发抵抗和地方性冲突。例如,在老年人的私人住宅中照护他们时,使用"通用语言"和"帮助自助"就可能会出现这一情况。在养老院也会出现个体层面上的类似情况(Kofod 2012),在一项调查一家养老院的专业照护人员的个案研究中,研究人员遇到一位老年女性,她被工作人员视为是一位不配合和麻烦的人。这位名叫 Ulla 的女性患有痴呆症,她一再抵抗照护人员试图通过"帮助自助"原则来使她"积极"起来的尝试(Kofod 2012:225 - 227)。"帮助自助"是一项关于如何进行照护的国家原则,是照护人员的职业身份以及他们应如何在养老院开展工作的最重要元素。近来,该项工作的重点通过"日常康复"[①]得以加强,成为丹麦市政当局和专业照护人员的义务(Serviceloven 2015)。

面对新的"自助"和"积极"要求,老年人无论身处自己的私人住宅中还是在养老院,都可能抵抗"积极"话语。然而,在国家和市政当局之间,针对规范老年照护

---

① "日常康复"旨在"发展、恢复、保持老年人的功能和能力,或防止老年人功能和能力的下降"(Kjellberg et al. 2011:5)(HMD 翻译)。

的适当方式上也存在着冲突(Dahl 2012b:147)。人们对新公共管理的适用性及其详细的治理形式的自我反思出现了,这可以从以下一段引自一个委员会的报告的文字中看出,该报告显示各市政当局与相关利益组织的代表进行了合作:

市政当局指出,老年照护的过程规范的一个负面结果是,许多正式的要求往往会将雇员的注意力从结果导向转移到过程中的规则遵守导向上。(Finansministeriet 2005:83)

以上段引文并没有将关注的重点放在老年人身上,而是强调了一个事实:即专业照护人员更关注遵守规则和程序,并发现他们自身被迫背离了老年人的需求和愿望。这种过程规范被市政当局视为是对提供的照护质量不利的,而冲突也是关于市政当局相对于国家所拥有的自治权。然而,在市政当局内部也存在着矛盾与冲突,它是由于他们想要采取的新自由主义/新公共管理道路的方法不同。与北欧其他国家相同,丹麦市政当局具有相当程度的自治特征(Burau & Dahl 2013)[①]。市政当局采取的策略有差异,诠释新公共政策启发下想法的方式也不尽相同(Dahl 2009)。新公共政策在各个市政当局中有着不同的面孔,它取决于从国家到市一级如何来诠释,以及领导层的政治力量如何角逐。新公共管理在一个城市可能被诠释为标准化和细节逻辑,而在另一个城市则可能被诠释为"自治"(Dahl 2009)。自治体现在自主习惯、团队的组织性和灵活性的实践中,而在细节逻辑上则存在分层决策,花费在计划和协调上的时间越来越多,留给自治的空间却越来越小。我们不知道这些不同的诠释是如何产生的,然而,可以推测,当新自由主义在两类不同市政当局被诠释为两种不同形式时,肯定伴随着相关行为参与方之间的冲突(Dahl 2009)。

在国家层面上,丹麦关于老年照护的话语可以被概括为强调日常康复,但需要创新和福利技术的应用。这些是当前的流行词汇,尽管此类话语占据着主导地位,但我们可以发现关于照护理念及如何规范照护中的矛盾和冲突。国家层面的冲突

① 与北欧福利国家的一个有趣对比是,市场化在意大利也成了一种解决方案,但解决问题的方式不同。政策问题被视为意大利家庭照护能力下降的原因之一,所提倡的解决办法是向家庭转移现金支付(市场化的一种形式)(Burau et al. 2016)。

可能涉及政策制定者所面临的种种问题，或是他们提出的种种解决方案。其中的一个流行于欧洲各地的政策解决方案是政策工具的市场化(Szebehely & Meagher 2013; Bureau et al. 2016)。在丹麦，市场化在两轮改革中以准市场的形式被引进，在1990—1998年间的试点项目中被首次引进时，引发了全国范围内的争议。然而，到了第二轮改革时，人们减少了对其合法性的争议，市场化成为解决成本上升、家长制管理和僵化服务问题的既定解决方法之一(Burau et al. 2016: 6－7)。然而，要使市场化成为可接受的解决方案之一，它必须适应北欧福利模式的不利环境，需要标准化确保"公平"和"平等"，"市场"仍然是一个受规范的市场。随着标准化的发展并转化为市政当局和家庭帮工的照护实践时，出现了关于如何规范照护的冲突。冲突涉及在预先确定的标准下对照护的认可与灵活性，例如两分钟刷牙。这些也是关于自主性(以及灵活性)与控制权的冲突。关于市场化进程中的照护理念，至少在丹麦，有一种趋势是将职业照护人员视为拥有专业知识却保持沉默的人，取代诸如"承包人"之类的概念。沉默化可能意味着矛盾和冲突，因为它意味着那些从事照护者的身份发生变化，也意味着脆弱的老年人可以期待什么。还有一种趋势，它使用"服务"概念而不是"照护"，从而将其重新组织进一系列要履行和完成的实践任务，但在人际关系方面的压力较小(Dahl 2012b)。市场化只是一个例子，它阐述了民族国家如何越来越多地接触和面对诸如来自经合组织等的跨国话语，他们必须接受、拒绝或始终如一地"转化"进国家的和次国家的政策中。在这个意义上，出现了问题公式化、适当的解决方案和建议的政策工具的传播。

在国际层面上，我们对跨国话语在老年照护方面的传播方式，或是对诸如欧盟等区域的治理机制知之甚少。然而，通过分析，我们可以辨别出需要考虑的几个方面。欧盟是一个冲突场所，也是推动老年照护特定理念的机构。几个全球性机构，特别是世卫组织和经合组织，都既是冲突的舞台，也是在新知识体系中提供问题表述、适当解决方案和提议的政策工具的机构。正如我们将在下文中看到的，世卫组织制定的老年照护解决方案与经合组织或是欧盟制定的方案之间也可能存在冲突。我们确实知道，国际组织倾向于成为政策开发者，并参与到规范老年照护的新工具市场中。

世卫组织已经成为这一新知识体系的一个重要参与者，并扮演着在"全球健康事务中发挥领导作用"的角色(Kildal & Nilssen 2013: 64)。该组织在2002年引入了一个重要概念——“积极老龄化”，并已成为当前占主导地位的话语。对世卫组织而言，积极老龄化是指“老年时为了提高生活质量，使健康、参与和保障得到优化的机会的过程”(WHO 2002:12，引自 Sanchez & Hatton-Yeo 2012:279)。世卫组织强调个人的自治权，包括老龄化的社会因素，即“老龄化发生在他人的环境中”(同上)。从这个意义上说，世卫组织对“积极老龄化”的看法比经合组织的更为广泛和全面。该组织将“积极老龄化”界定为不仅是富有成效的(使老年人在劳动力市场中停留更长时间)，而且还关注文化、精神和公民事务 (Kildal & Nilssen 2013)。作为联合国的一个机构，世卫组织不仅将“积极老龄化”纳入人权框架之中，还关注老龄化的道德挑战(对老年人人权的挑战)。该组织的做法与欧盟及经合组织的做法形成了对比，后者将老年人视为一项人口挑战及“老年负担”，是对福利国家可持续性的一项挑战(同上)。世卫组织和欧盟在“积极老龄化”问题上的种种分歧可能会导致这一主导话语的矛盾和冲突。

欧盟与世卫组织相一致，通过 2012 年欧盟积极老龄化和世代团结年(Solidarity between Generations)推动“积极老龄化”。对欧盟来说，“积极老龄化”已经成为解决和减轻当前人口挑战的重要工具，即解决人口老龄化及其给福利国家和年轻一代带来的财政压力的重要工具。由此，欧盟将“积极老龄化”视为对其组成部分即福利国家的可持续性构成威胁的解决方案。因此，它借鉴了生产逻辑，认为积极老龄化创造了在劳动力市场上停留更长时间的机会，从而减少养老金支出(Sanchez & Hatton-Yeo 2012:277)。然而，在欧盟内部，关于“积极老龄化”的话语似有着不同的甚至相互矛盾的诠释。欧盟委员会(the European Commission)似乎正朝着与欧洲议会不同的方向发展。鉴于议会强调代际间负担和利益方面的公正性，欧盟委员会则将积极老龄化作为继续从事有偿工作或是工作相关活动的一项战略(Sanchez & Hatton-Yeo 2012)。由于欧盟在老龄照护方面没有超国家的权威，它主要是通过 OMC(开放协调机制)发挥其为学习、推动和传播老年照护“最佳实践”提供场所的作用。然而，究竟是从学习角度来看待 OMC，还是从权力角度来看待 OMC，取决于个体的理论立场。我们所知道的是，欧盟作为一个实体，现在越来越强调“创新”和技术在社会服务包括老年照护服务中的重要性(Dahl et al. 2014;Kildal & Nilssen 2013:68)。

在欧盟层面上，委员会在老年领域的创新方面发挥了积极的作用。该委员会本身也推动了一项将用于残障者和老年照护领域的创新。如之前所介绍的，这项创新就是ECC(欧洲照护认证)，它通过三个欧盟资助的项目开发形成。如前所述，ECC是向初级照护人员颁发的认证证书(通过考试)，目的是在整个欧盟范围内得到应用(Churchill & Giraldi 2013)。目前，已有16个国家加入了ECC考试，ECC旨在提供照护资格的正式认可，确保一定的照护价值，证明照护人员具备安全工作的知识，并最终在欧盟范围内提供照护人员流动的可能性。委员会就此采取了积极的立场，为全欧洲范围内的社会照护教育体系铺平了道路。然而，ECC认证也带来很大的争议性，因为它设定的入学门槛比目前的丹麦/北欧国家教育体系中的要求低得多。在与丹麦利益集团的专家和代表进行焦点小组访谈时，这一认知变得清晰起来，他们正在讨论将ECC拍成一部有关创新的影片。

作为一个政府间的合作组织，经合组织为其成员国提供了一个分享经验和寻求解决方案的场所。但是该组织不具有正式的权威，相反，它是一个"以研究为导向的国际组织"(Mahon 2013：150)，负责编制研究报告和统计指标以进行比较。经合组织已经成为新兴的老年照护知识体系的一部分，并扮演着政策开发者的角色，发布了诸如"老年人长期照护"(OECD 2005)，"需要帮助?"(OECD 2011)以及"老年生活美好吗?"(OECD)等报告。在传播数据和信息方面，该组织帮助各国政府应对他们认为正在面临的挑战，同时它还以一种特殊的方式来帮助构建老年照护体系。但是，在经合组织构建问题和解决方案的方式中，问题仅仅被重新表述为技术问题。在政治上，这一过程倾向于将他们所应对的问题中立化(Mahon 2013：152)，从而形成了关于老年照护问题的主导性话语，包括为应对所确定的挑战而提出的政策工具。根据Kildal和Nilssen(2013：61，74)的研究，经合组织一直重点关注成本控制、成本效益(物有所值)，以及不同服务之间的协调。这些都是经合组织在审查社会服务时提出的问题，并在国家层面上(例如丹麦层面)也进行了界定。在丹麦，它们被视为是不证自明的并转变为技术性的问题，且不具有政治内涵。然而，政策工具的制定和提供也是政治行为：他们压制了其他政策的制定和政策工具的出台①。

① 芬兰政治理论家Hanna-Kaisa Hoppania也提出了类似的观点，他认为老年照护已经从政治转向规范。照护变得非政治化，以至于成为"照护治理"的一个问题(Hoppania 2015b：88)。

我们已经看到了专业照护人员和老年人之间关于康复之争、市政当局内部关于新公共政策/新自由主义阐释之争，以及与欧盟关于"积极老龄化"问题之争的例子。关于"积极老龄化"的争议也发生在世卫组织、欧盟及经合组织之间。尽管如此，在面对解决老年照护挑战的关键要素方面，经合组织和欧盟似乎保持着一致的霸权论调：成本控制、创新、"积极老龄化"和质量。但现在让我们转而用一个更为明确的性别视角思考多层次和混合规范的本质。

性别规范

女性主义在看待国家角色方面有着悠久的传统，例如"父权制国家"(Hartman 1979；Walby 1990)、"潜在的女性友好国家"(Hernes 1987)以及"国家女性主义"(Outshoorn & Kantola 2007)。考虑规范的传统女性主义观点是分析"政府中的女性"(Brush 2003：75)，这是一种包括政治家、官僚、利益团体等决策者的所谓生理性别为中心的方法。女性主义在官僚体制中(男性和女性)的作用也得到了讨论，并采用了"女性主义官僚"(femocrats)概念。此外，研究与女性主义问题相关的社会政策特征的传统也由来已久(Fraser & Gordon 1994；Lewis 1997)。然而，早期女性主义学者并没有从女性主义视角来探讨国家与老年照护之间的关系。但挪威社会学家 Kari Wærness 却是一个例外，她是第一个对老年女性与国家之间的关系进行研究和理论化的学者(Wærness 1987)。下面，我们开始对该问题展开探讨，重点是照护领域的女性和性别问题(Hoppania 2015b；Dahl 2009，2010，2012b；Ulmanen 2012)。

然而，站在女性主义立场来看，我并不完全关注"男性"与"女性"。同样，我也不关注整个国家。我只关注老年照护中的具体政策和知识领域[①]。我也不关注国家和社会政策定位和制造男性气质与女性气质的方式(Brush 2003：52)。具体而

① 当新的规范形式如新自由主义进入某一特定的民族国家时，它们会遇到现有的性别制度。性别制度并不意味着它是一个统一的制度，它表现出特定的特征，当研究它并将其与其他性别制度相比较时，它可以被识别出来，并且会随着冲突和惯例的改变而改变。

言，这意味着分析规范是否加剧还是缩小了性别差异，即他们看待老年女性需要帮助的方式，与他们可能“奖励”或忽视男性在家务方面的不作为形成对比①。

相反，我感兴趣的是研究性别规范，采用 Lisa D. Brush 所称为的“治理中的性别”作为我的研究出发点。这里的“性别”间接指的是性别偏见的运作方式：“关于男性气质与女性气质，男性特权与女性惩罚的假设，在何种程度上构建逻辑、确定人员、影响预算以及在其他方面组织国家和社会政策的机构和实践。”（Brush 2003：19－20）。Brush 后来详细阐述了治理中的性别，她提到公私分离的“工作定义”（Brush 2003：93），以及关于职业化、官僚体制或是权力的男权假设（Brush 2003：91）。性别规范是指间接的性别化，因为它制造了以工作与不工作、公共责任与私人责任，以及职业与非职业的二分法和等级制度方式。如第四章中指出的，我也受到法国后女性主义学者 Irigaray（1979，1994）和 Cixous（1980）的启发，即她们对这种间接的、微妙的性别偏见形式——潜在的——在二分法及等级制度中发挥作用的见解。性别规范还包括性别及其相关方面的沉默化，包括照护方面或是那些属于人类共同存在的既定的、自然的且往往是未被重视的方面的沉默化。不过，首先让我来解释一下为什么研究二分法对女性主义学者来说是如此重要。

正如我之前所陈述的，Irigaray 和 Cixous 认为“女性”和“女性气质”不能用语言来表达，而且由于语言的二元逻辑性，它逃避了代表性，也就是说，它既可以与“男性”相同，也可以与“男性”不同。根据 Irigary 的研究，基于此约束，“女性”被错误地与“男性”等同起来，或是作为“他者”消失，并且成了不同的、无法被表达的“他者”。根据 Cixous（1980）的研究，语言是由等级有序的二分法构成的，因此，“女性”总是排在“男性”之后，例如，认知和情感间的二分法。作为启蒙运动的遗产，思维的地位远高于情感。在两位法国女性主义学者看来，“女性”是一种模棱两可、近乎谜一般的存在，她不可能被代表。然而，她们对于二分法的见解，即总是以两性中的一方优先，并以牺牲另一方为代价的方式是值得记住的。这种见解可以用来分析，引导人们注意二分法和等级制度，以及它们塑造我们思维

① 分析规范还意味着要考虑所追求的解决方案的实际效果（Bacchi 2009），而这一效果不是我正在研究或分析发展的内容。

的方式。这里的论点并不是说(基于性别的)二分法本身就是有问题的[①]。相反,它们需要被识别和分析,只有如此,我们才有可能理解男权假设的作用。第四章的开头就详细阐述了一个例子,其中使用"温暖的手"的隐喻被认为是承认实践,也理应是自然的女性气质照护的情感方面。然而,它也同时抑制了其他被认为是女性气质的知识来源(与身体和人格相关的知识,例如基于衰老进程和疾病方面的经验知识)。

与社会二分法及等级制度的分析关注点相关的是照护的价值化,它是女性主义研究中的一个传统话题(Tronto 1993;Bubeck 1995),例如之前举出的在照护中处理人体排泄的脏活的例子(Dahle 2005)。Aristotle 已指出,对老年人的污名化进一步强化了这种缺乏认知的想象(Aristotle 1987;Kirk 1995)。即使在国家女性主义和潜在的女性友好机制占优势的北欧,老年照护的地位仍然是个问题(Hernes 1987)。尽管国家有责任并发起了老年居家照护职业化,但缺乏对工作的认可仍然是一个问题,即使将工作条件的改善和薪资待遇的提高都考虑进去(Dahl 2010)。

正如在第四章中所阐述的那样,性别规范也与沉默化相关。自二十世纪八十年代以来,至少在丹麦的老年照护方面一直存在着抑制性别的传统(Dahl 2000)。性别的沉默化意味着潜在的性别偏见被忽视,一种不分性别的话语使用开来,就好似一个性别平等的社会已经到来。只有当老年男性和女性的死亡率和发病率存在争议时,性别才具有政治意义(Blaakilde 2012)。不仅性别的相关性被忽视了,老年照护问题以及义务分配、任务及招聘也不被看作是平等政治的议题。总而言之,性别规范既不完全针对男性或女性,也不是针对性别化主体,它是关于研究潜在的性别沉默和社会二分法的运作方式,以及其中的一部分也是等级划分的事实。他们将现实的某些方面置于其他方面之上,例如温暖比冷酷、工作(传统上被认为是)比非工作、以及科学知识比身体知识更重要。让我们用几个关于性别规范的具体冲突的例子来说明这一情况。

① 我们从法国哲学家 J. Derrida 那里了解到,思维和语言是建立在二元对立基础上的关系,二分法偏爱存在而不是缺席。这种存在的形而上学是思考和交流的条件,但诀窍在于通过觉醒来戏弄并试图颠覆它们。

关于性别规范之争

规范应用二分法和等级划分，间接地注入诸如男性气质和女性气质等价值观，“职业化”和其对应的参照物——“非职业”概念就是这样的一个例子。职业人士受到重视和认可，显示着专业知识的重要性；而非职业人士，即通才，则意味着缺乏专业知识，他们往往与实践、乏味的工作联系在一起，他们所从事的工作被假定是每个人都能做的。纵观历史，人们一直为照护得到认可而不懈努力着。这场冲突的一部分是关于照护工作的职业化，另一部分则是关于承认照护应作为国家的责任。冲突是性别化的，并被女性主义社会学充分地记载了下来（Witz 1992；Hänsel 1992；Martinsen 1994）。

二十一世纪以来也发生着关于性别规范的冲突。在丹麦，2007—2008 年期间，获得认证的家庭帮工以及社会和卫生保健工作者（即专业照护人员）举行了大规模的动员（Dahl 2009）。正如在本书前言中提及的，专业照护人员在丹麦议会大厦前举行抗议活动，活动口号反映了他们为争取被认可而斗争，抗议时间压力以及不合理的工作条件。“时间”成为一个重要的隐喻，意指浓缩了的几个饱含争议的要素，例如“控制时间”以及“控制自己的工作”。他们希望有更多的时间在老年人家中进行照护，也就是说，减少每天上门照护老年人的频率，而增加每次照护的时间。他们感觉自己在执行工作任务时暴露在所谓的“分钟暴政”（‘minuttyranni’）之下，抱怨道，他们不断地从一位老年人住家赶往下一位老年人住家。冲突发生在一个结合点上，即以“通用语言”和“自由选择”等术语体现的新的政策工具被转化为专业照护人员具体的工作任务时。技术——作为新自由主义的一部分被编纂、改写并重组了照护工作的性质。这场冲突的标志性实践或许就是掌上导航设备，每一位照护人员都必须记录下他们完成的可以用分钟来计算的每一项任务。对照护工作的改写导致了照护工作的拆分，需求也相应地被改写为功能。照护被明确地表达为实用的语言，主要是居家照护或是养老院照护的具体任务。与老年人的情感和身体方面相关的任务和需求在很大程度上被抑制或是转移由家庭、志愿/第三部门接管，照护的情感方面（在丹麦、被称为 samvær/togetherness）不被视为国家责任。重组需要更多的中间层管理人员、计划人员和团队领导，这在照护服务系统中显得越来越普遍，但也就意味着在老年照护中给予一线人员的时间更少；而与照护实践相比，用于计划的时间却更多。因此，在谁有资格为老年人提供照护、照护价值化以及管理机构等方面存在冲突。老年人抱怨缺乏服务以及不断变化的照护人员，而照护人员抱怨工作压力大。尽管抱怨是个别的，却是更大范围冲突的前兆。

冲突可以被视为是关于承认照护的职业资格的性别之争。从这个意义上讲，它们是关于职业化，也即是关于老年照护的去职业化或是再职业化。与新自由主义相关的新技术间接地借鉴了传统的职业与非职业二分法，并将照护工作编制为实用的家务劳动①。在这一情况下，新自由主义倾向于去职业化的照护工作，并从三个方面向前女性照护职业形象转变：家务劳动、自我牺牲以及义务②。然而，去职业化与再职业化之间存在着持续性的冲突，它们也存在于国家机构内部。国家是一个充满冲突的领域（Poulantzas 1978），也可以用重要的方式塑造着冲突（Feldman 2008）。发生在国家内部关于再职业化或是去职业化的冲突，是指存在于国家如财政部与教育/卫生健康政策等不同领域间的专业照护人员及老年人的不同形象间的冲突。时至今日，去职业化在照护的文献记载和市场化方面最为突出，"积极老龄化"将照护人员重新塑造为职业人员，强调他们的任务是促进康复（日常康复），并作为他们再职业化职责的一部分。

现在，我将详细阐述以上提及的在照护领域发生的三种去职业化方式，其中的一种方式是将老年照护改为仅作为家务劳动（的一部分）。对老年照护的编撰意味着需求被重新定义为由简单功能构成的任务（Dahl 2005）。之前作为一个整体的照护被分解，分为由持有资格证的家庭帮工、健康助理（一种比实习护士更能胜任的专业人员）、受过医学训练的护士和理疗师完成。编纂是通过一种特殊的语言来实现的，强调家庭中的任务，例如除尘，用吸尘器打扫、洗碗、倒垃圾，以及与个人维护相关的任务如刷牙、洗澡和洗头发等。它规范了实用帮助、个人帮助（个人照护、精神照护、治疗、营养等）、以及各种其他任务（联系医生、帮助填写表格等等）的标准。由此，任务变得"泰勒化"了（Taylorized），而其他需求，即那些不能被编撰的需求消失了，只是因为它们难以被纳入政治-行政话语中而被抑制了。在前面的例子

① 不过，在编纂过程中也涉及了基础照护的一个因素（是医院照护非制度化的结果）。

② 在我对去职业化的各种因素的理解里，从 Tonkens 和 Bredewold 对我的一些文章的评论中受益匪浅（Tonkens E. 和 Bredewold F.，2015 年，私人电子邮件沟通）。

中，被抑制的需求是指由家庭帮工完成的“小事情”，在她看来这些是在评估之外完成的额外的琐碎任务，但对居家老年人的生活质量来说却十分重要（Dahl 2009）。然而，像“舒适”一类的需求在国家话语中被抑制且消失了（Dahl 2000）[①]。从这一意义上看，我们发现了老年照护的空洞化（Dahl 2012a），诸如需要得到安慰、出门散步、喝杯咖啡简单闲聊、从阁楼上拿取圣诞节装饰品等需求从功能目录中消失不见。

第二种去职业化的方式关乎照护空心化是如何在实践中发挥作用，即它对一些从业者产生的实际影响。多项研究指出，专业照护人员在老年人和社会服务系统之间充当着缓冲剂角色。当缓冲是以牺牲从业人员的福祉为代价时，就有了自我牺牲的成分。与此同时，在国家规范下的有偿照护中，情感机制似乎依赖于这种缓冲。在丹麦，当专业照护人员完成不属于评估范围的“小的额外服务”时，我们就看到了这一点（Dahl 2009）；在挪威，家庭帮工通过充当缓冲器以减轻照护系统带来的负面影响（即减少了服务）（Vabö 2006）。自我牺牲本身就是性别化的，它建立在女性“为他人而存在”的刻板印象的基础上，但是自我牺牲也引发了国家机构内部的矛盾与冲突。一方面，国家仰仗自我牺牲和情感劳动；而另一方面，国家却不承认它（Dahl 2009）。国家内部的这种冲突迫使专业照护人员制定种种对策，例如一种愤世嫉俗的对策是专业照护人员“按部就班”地工作，拒绝或是忽略做任何“小的额外服务”。用第三章中的一段文字来说，这是一种情感分离的状况，情感机制被描述为“好像关心一样”（Yuval-Davis 2011）。这类似于其他对福利服务专业人士的其他研究结果（Soss，Fording & Schram 2011），例如，一项对美国佛罗里达社会工作者的研究表明，一些个案工作者将自己变成了盾牌，以保护他们的客户免受来自福利制度所涉及的制裁制度的影响。如此的保护行为让社会工作者付出了个人代价，因为对他们来说是精疲力竭和倦怠的。

去职业化的第三种方式与消费主义相关联，它强调老年人的愿望和优先事项。在 2010 年的一项对丹麦四个城市一线工作人员进行的研究项目中，对专业照护人员（家庭帮工和有资质的社会和健康助理）进行了访谈，观察了他们的工作过程以及他们与老年人的互动（Dahl et al. 2015b）。我们从中发现了一种消费主义的形

① 关于这一点的详细说明，请参见第四章。

式，称之为"义务"，即专业照护人员按照客户的要求行事。义务可以有两种方式：完成超出评估要求的任务，或者以特定方式完成的任务。由此可能引发冲突，如以下来自田野调查的观察所示：

这位老妇人……对照护人员说，她想将浴室的镜子擦亮，将地砖擦洗干净。照护人员解释道，这些超出了他的职责范围，老妇人惊呼道她将不得不雇一名清洁女工。这位照护人员向老妇人解释说她可以购买额外的服务……是市政当局而不是她进行监管。尽管如此，这位照护人员还是说："我来擦镜子。"……然后照护人员走进卧室，擦亮了衣柜里的镜子……然后清洁浴室。那位老妇人正在厨房里插花[①]。

上面案例中的照护人员是为私人承包商工作的，除了完成了分配给他的工作之外，还额外做了清洁浴室地砖的工作。然而，口头交流显露出老年客户需要什么与照护人员被允许做什么之间存在冲突，照护人员还是满足了那位老妇人的愿望。在同一项研究的另一个案例中，也存在类似的顺从：照护人员接受了老年人做事的方式（本案例中指的是清洁）。

我对她（老妇人）说，我想先从换床单开始，因为灰尘会被卷起。然后，她看了我一会儿，说道："我不需要再盯着你了。"这是第一次，从那以后再也没有遇到任何问题了。她打电话给负责的管理人员说她很满意，现在她终于找到了一个彻底打扫她房屋的人（对市政照护人员的焦点小组访谈）[②]。

我们可以从中识别"乐于助人"。家庭帮工接受了老夫人偏爱的清洁标准和清洁方式。消费主义可以被看作是与已有的"称职的主妇"清洁标准有关。因此，乐于助人降低了指定的照护任务的作用和照护人员的专业判断。事实上，乐于助人使得家庭帮工去职业化了，因为它不仅仅是灵活性的，而且是一种特定的态度。

---

① 这句话引自 Dahl 等(2015b)：293。

② 这句话引自 Dahl 等(2015b)：292。

与去职业化相反，还有另一个与积极老龄化相关的健康话语：再职业化。我使用“再职业化”一词，是因为丹麦的康复服务也是对二十世纪八十及九十年代流行的“帮助自助”理念的回归(Dahl 2000；Dahl et al. 2015b)。再职业化可以从当前老年照护的转型中看到，其聚焦于康复和能力恢复(Hansen & Kamp 2016)。照护从补偿性工作改写为对老年人的再培训和康复，最理想的状态是让老年人参与进来并能够做更多的事情，由此变得更加自主和独立。改写补偿性照护意味着这种形式的照护供给被消极看待，因为它将老年人定义为不活跃的和有依赖性的(Hansen & Kamp 2016)。这一转变将注意力从身体及其排泄物转移开，取而代之的是照护成为职业化照护。它强调家庭帮工的分析眼光，即她们有识别潜在的变化和如何对老年人实施训练的能力。将照护工作从针对身体的任务转变为一种分析和训练项目，将改变性别关联，即从女性气质转变为男性气质。从象征女性气质的“温暖的手”到象征男性气质的训练，如今家庭佣工凭借更加“男性气质”的知识基础获得了更多的职业认同。她们的工作是激励和帮助老年人变得更加活跃，过上更为自治的生活。在家庭环境中使老年照护再职业化或是职业化的另一个进程是医院照护的去机构化。现如今，以前由医院病房提供的需求已转移到中家庭之中(Allen 2012)，并且必须由家庭成员和/或职业人士提供居家服务。例如，现在有关药品、监测血压及处理伤口等需求已经交由他们在病人的家中处理。

面向老年人的去职业化和再职业化两种照护理念在个体层面上共存，并由家庭帮工在具体的家庭访问和日常工作中交替使用 (Dahl et al. 2015b)。然而，究竟哪种逻辑，家庭帮工的哪种形象占据优势还存在着争议。迄今为止，去职业化一直是最强烈的趋势，伴随而来的是对家务劳动特定话语的编纂，以及诸如乐于助人导向的消费主义和家庭帮工被迫充当社会服务体系和焦虑的老年人之间的缓冲剂的实际影响。然而，随着“积极老龄化”越来越占据主导地位，以及例如“日常康复”等特定政策工具的发展，再职业化获得了新的动力。老年照护的规范是性别化的，因为它使得性别观念在工作及职业化中传播。职业的概念仍然保留着“男性化”的偏见，就意味着与身体有关的特定形式知识和工作被剥夺了职业地位。家庭帮工只有在去女性化的同时，远离家务劳动，才能实现在职业化，因为此时的话语体系已经形成。

小结

老年照护规范发生了转变,规范意愿得到加强,并为该领域引入新的逻辑以及更加全球化、多层次的规范形式。当新的逻辑遭遇现有的或是不同的逻辑时,如何诠释它们的冲突就会产生,并且会对新的逻辑产生抵抗。在丹麦国内,我们发现两种最经典的规范形式——官僚体制化和新自由化,官僚体制将新自由化转化为任务的编撰和市场化。然而,服务编纂中的冲突在上升,例如,新鲜准备的三明治被"沉默化",取而代之的是"上门送餐服务"。然而,专业照护人员抵抗这种沉默化,并通过使用健康话语,成功地将"每天新鲜制作的三明治"重新纳入服务目录中。在老年客户方面,也有人对新自由化的"自我责任"话语进入他们私人住所或是养老院产生了抵触。可识别照护人员和老年人之间关于适当照护的冲突的解决方案有:以现实的动手方式帮助老年人,或者更好地引导老年人自己去做。由此,我们目睹了如此一个困难的局面,即在老年人自治的希望与国家规范之间的困境。从Faucault的立场来看,国家正重新引入一种道德义务,以改变并在特定的美好生活理想中实现自治。

在老年照护的各层级规范中,抵抗也是一个不断重复出现的现象。当市政当局抵抗以特定方式监管和控制他们的照护政策时,国家和市政当局的冲突就会出现。丹麦政府不同领域之间的冲突产生于市场化和职业化之间,换言之,产生在去职业化和再职业化之间。同样的,在欧盟内部,欧洲议会和欧洲理事会之间就在"积极老龄化"的适当理解上存在争议。然而,这些冲突与争议是在老年照护的全球规范背景下发生的,世卫组织、经合组织以及欧盟等全球议程制定者之间也有着细微差异,但存在着一种可作为积极老龄化和成本控制的跨国解决框架。

规范也通过性别治理的视角进行性别化和理论化,通过对二分法、价值取向和沉默化的分析,对其性别化方面展开了研究。有关职业化与非职业化的冲突是激烈的性别之争,因为专业人员已经在特定时间以传统的精英职业男性为模板(Witz 1992)。因此,职业化和去职业化之间的冲突也是一场性别冲突,即关于什么是专业人员,什么样的知识形态在职业照护人员的知识体系中排名最高,而哪些知识形态被抑制了。冲突的性别元素还与家务劳动在照护中的作用(并将照护减少为实际任务)相关,与自由选择和市场化相关的义务联系在一起。最后,不同国家背景下的专业照护人员发现他们自身被迫充当了社会服务体系和沮丧的老年人之间的缓冲器。应用策略往往与女性身份相关，也即与女性的自我牺牲关联在一起。

参考文献

Aristotle. (1987). Ethics. London: Penguin Books.

Ældrekommissionen. (1980 - 82). Ældrekommissionens delrapporter: 1. delrapport (1980), 2. delrapport (1981) og 3. delrapport (1982).

Alasuutari, P., & Rasimus, A. (2009). Use of OECD in justifying policy reforms: The case of Finland. Journal of Power, 2(1), 89 - 109.

Allen, D. (2012). Bringing it all back home—The (re)domestication and de(medicalization) of care in the UK. In C. Ceci, K. Björnsdottir, & M. E. Purkis (Eds.), Perspective on care at home for older people (pp. 101 - 120). New York: Routhledge.

Andersen, N. Å. (1997). Udlicitering—strategi og historie. Copenhagen: Nyt fra Samfundsvidenskaberne.

Andersen, K., & Kvist, E. (2015). The neo-liberal turn and the marketization of care: The transformation of eldercare in Sweden. European Journal of Women's Studies, 22(3), 274 - 287.

Bacchi, C. (2005). Discourse, discourse everywhere: Subject 'agency' in feminist discourse methodology. Nordic Journal of Women's Studies, 13(3), 198 - 209.

Bacchi, C. (2009). Analysing policy: What's the problem represented to be? Sydney: Pearson Education.

Bache, I., & Flinders, M. (2004). Multilevel governance. Oxford Scholarship Online: 2004 doi:10.1093/0199259259.001.0001

Bertilsson, M. (1990). The welfare state, the professions and citizens. In R. Torstendal & M. Burrage (Eds.), The formation of professions (pp. 114 - 133). London: Sage.

Blaakilde, A. L. (2012). Døde mænd og syge kvinder—køn, alder og ulighed i sundhed. Kvinder, Køn & Forskning, 21(4), 56 - 63.

Borras, S., & Greve, B. (2004). Preface. Journal of European Public Policy, 11(2),

181－184.

Brante, T. (2005). Staten og professionerne. In T. R. Eriksen & A. M. Jørgensen (Eds.), Professionsidentitet i forandring (pp. 16－35). Copenhagen: Akademisk forlag.

Bröckling, U., Krasman, S., & Lemke, T. (2010). From Foucault's lectures at the Collège de France to studies of governmentality—An introduction. In U. Bröckling, S. Krasmann, & T. Lemke (Eds.), Governmentality—Current issues and future challenges (pp. 1－33). London: Routhledge.

Brodin, H. (2005). Does anybody care? Public and private responsibilities in Swedish eldercare 1940－2000. Umeå: Ekonomisk historia.

Brown, W. (2003). Neo-liberalism and the end of liberal democracy. Theory and Event, 7(1). https://muse.jhu.edu/journals/theory_and_event/v007/7.1brown.html. Accessed 1 Aug 2014.

Brush, L. D. (2003). Gender and governance. Oxford: Alta Mira Press.

Bubeck, D. (1995). Care, gender and justice. Oxford: Clarendon Press.

Burau, V., & Dahl, H. M. (2013). Trajectories of change in Danish long-term care policies: Reproduction by adaptation through top-down and bottom-up reforms. In C. Ranci & E. Pavolini (Eds.), Reforms in long-term care policies－Investigating institutional change and social impacts (pp. 79－96). New York: Springer.

Burau, V., Zechner, M., Dahl, H. M., & Ranci, C. (2016). The political construction of elder care markets: Comparing Denmark, Finland and Italy, Social Policy and Administration (e-publication ahead of print). https://onlinelibrary.wiley.com/doi/10.1111/spol.12198/epdf. Accessed 21 Dec 2016.

Christensen, T. (2012). Post-NPM and changing public governance. Meiji Journal of Political Science and Economics, 1(2), 1－11.

Churchill, J., & Giraldi, M. (2013). Theoretically informed case study accompanying the film European care certificate. https://innoserv.philnoug.com/content/unified-approach-care-certificate-entry-level-staff-% E2% 80% 93-european-care-certificate. Accessed 23 Sept 2016.

Cixous, H. (1980). Sorties. In E. Marks & L. Courtivron (Eds.), New French Feminisms (pp. 90 - 98). Amherst: The University of Massachusetts Press.

Clarke, J., & Newman, J. (1997). The managerial state. London: Sage.

Conrad, C. (2011). Social policy history after the transnational turn. In P. Kettunen & K. Petersen (Eds.), Beyond welfare state models (pp. 218 - 240). Cheltenham: Edward Elgar.

Dahl, H. M. (2000). Fra kitler til eget tøj—Diskurser om professionalisme, omsorg og køn, Ph. D. thesis. Aarhus: Politica.

Dahl, H. M. (2005). A changing ideal of care in Denmark: A different form of retrenchment? In H. M. Dahl & T. R. Eriksen (Eds.), Dilemmas of care in the Nordic welfare state: Continuity and change (pp. 47 - 61). Aldershot: Ashgate.

Dahl, H. M. (2009). New public management, care and struggles about recognition. Critical Social Policy, 29(4), 634 - 654.

Dahl, H. M. (2010). An old map of state feminism and an insufficient recognition of care. NORA—Nordic Journal of Feminist and Gender Research, 18(3), 152 - 166.

Dahl, H. M. (2012a). Neoliberalism meets the Nordic welfare state—Gaps and silences. NORA, 20(4), 283 - 288.

Dahl, H. M. (2012b). Who can be against quality? A new story about homebased care: NPM and governmentality. In C. Ceci, K. Björnsdottir, & M. E. Purkis (Eds.), Perspectives on care at home for older people (pp. 139 - 157). London: Routledge.

Dahl, H. M. (2015). Regulering og velfærdsprofessionelle identitet(er). In B. Greve (Ed.), Grundbog i socialvidenskab—5 perspektiver (pp. 109 - 125). Frederiksberg: Nyt fra Samfundsvidenskaberne.

Dahl, H. M., Eurich, J., Fahnøe, K., Hawker, C., Krlev, G., Langer, A., Mildenberger, G., & Pieper, M. (2014). Promoting innovation in social services. Heidelberg: Heidelberg University.

Dahl, H. M., Hansen, A. E., Hansen, C. S., & Kristensen, J. E. (2015a). Kampog status—De lange linjer I børnehaveinstitutionens og pædagogprofessionens historie fra 1820 til 2015. Copenhagen: U Press.

Dahl, H. M., Eskelinen, L., & Hansen, E. B. (2015b). Coexisting principles and logics of elder care: Help to self-help and consumer-oriented service. International Journal of Social Welfare, 24(3), 287 - 295.

Dahle, R. (2005). Dirty work in Norwegian health context (The case of Norway). In H. M. Dahl & T. R. Eriksen (Eds.), Dilemmas of care in the Nordic welfare state - Continuity and change (pp. 101 - 111). Aldershot: Ashgate.

Dale, H. M. (2004). Forms of governance, governmentality and the EU open method of coordination. In W. Larner & W. Walters (Eds.), Global governmentality (pp. 174 - 194). London: Routledge.

Dean, M. (1999). Governmentality: Power and rule in modern society. London: Sage.

Ertner, M. (2016). Hvem bestemmer hvad en gangstav skal bruges til? Et etnografisk studie af velfærdsteknologi og deres brugere. Gerontologi, 32(1), 8 - 11.

Feldman, L. (2008). Status injustice: The role of the state. In K. Olson (Ed.), Adding insult to injury—Nancy Fraser debates her critics (pp. 221 - 245). London: Verso.

Finansministeriet. (2005). Processregularing af amter og kommuner. Albertslund: Schultz.

Foucault, M. (1978). The history of sexuality—An introduction. (R. Hurley, Trans.). London: Penguin Books.

Foucault, M. (1991). Governmentality. In G. Burchell, C. Gordon, & P. Miller (Eds.), The Foucault effect (pp. 87 - 104). Chicago: The University of Chicago Press.

Foucault, M. (1996). The ethics in the concern of the self as a practice of freedom. In S. Lotringer (Ed.), Foucault live (pp. 433 - 449). New York: Semiotext(e).

Foucault, M. (1997). What is critique. In S. Lotringer & L. Hochroth (Eds.), The politics of truth (pp. 23 - 82). New York: Semiotext(e).

Fraser, N. (2008). Scales of justice—Reimagining political space in a globalizing world. Cambridge: Polity.

Fraser, N. , & Gordon, L. (1994). A genealogy of dependency: Tracing a key-word of the U. S. welfare state. Signs, 19(2), 309 - 336.

Freidson, E. (2001). Professionalism: The third logic. Cambridge: Polity.

Haahr, J. H. (2004). Governing Europe—Discourse, governmentality and European integration. London: Routledge.

Hänsel, D. (1992). Wer ist der Professionelle? Zeitschrift für Pädagogik, 38(6), 873 - 893.

Hansen, A. M. , & Kamp, A. (2016). From carers to trainers: Professional identity and body work in rehabilitative eldercare. Gender, Work & Organization (e-publication ahead of print). https://onlinelibrary. wiley. com/doi/10. 1111/gwao. 12126/epdf. Accessed 21 Dec 2016.

Hansen, M. B. , & Vedung, E. (2005). Fælles sprog i ældreplejens organisering. Odense: Syddansk Universitetsforlag.

Hansen, E. B. , Eskelinen, L. , & Dahl, H. M. (2011). Hjælp til selvhjælp eller service i hjemmeplejen—Hvordan er praksis, og er der en virkning? Copenhagen: AKF report.

Harrington, C. (2013). Governmentality and the power of the transnational women's movement. Studies in Social Justice, 7(1), 47 - 63.

Hartman, H. (1979). The unhappy marriage of marxism and feminism. Capital & Class, 8, 1 - 33.

Hernes, H. (1987). Welfare state and woman power—Essays in state feminism. Oslo: Universitetsforlaget.

Højlund, H. (2004). Markedets politiske fornuft. Et studie af velfærdens organisering i perioden 1990 - 2003, PhD series 17. København: CBS.

Hoppania, H. (2015a). In a response to my question at her oral defense held on November, 2015.

Hoppania, H. (2015b). Care as a site of political struggle, Ph. D. thesis. Helsinki: Department of Political Science and Economic Studies.

Interview. (2013, April 24). Focus group interview with experts conducted in Copenhagen.

Irigaray, L. (1979). Das Geschlecht, das nicht eins ist. Berlin: Merve Verlag.

Irigaray, L. (1994). Könskillnadens etik och andra texter (C. Angelfors, Trans.). Stockholm: Brutus Östlings Bokforlag.

Johnson, T. (1995). Governmentality and the institutionalization of expertise. In T. Johnsson (Ed.), Health professions and the state in Europe (pp. 7 - 24). London: Routledge.

Kildal, N., & Nilssen, E. (2013). Ageing policy ideas in the field of health and long-term care, comparing the EU, the OECD and the WHO. In R. Ervik & T. S. Lindén (Eds.), The making of ageing policy—Theory and practice in Europe (pp. 53 - 77). Cheltenham: Edward Elgar.

Kirk, H. (1995). Da alderen blev en diagnose. Copenhagen: Munksgaard.

Kjær, P., & Pedersen, O. K. (2001). Translating liberalization: Neoliberalism in the Danish negotiated economy. In J. L. Campbell & O. K. Pedersen (Eds.), The rise of neoliberalism and institutional analysis (pp. 219 - 248). Princeton: Princeton University Press.

Kjellberg, R., Ibsen, R., & Kjellberg, J. (2011). Fra pleje og omsorg til rehabilitering—viden og anbefalinger. København: Dansk sygehus institut.

Kofod, J. (2012). hold hænderne i lommerne Om hjælp til selvhjælp på plejecentre. In M. Järvinen & N. Mik-Meyer (Ed.), At skabe en professionel—Ansvar og autonomi i velfærdsstaten (pp. 211 - 230). Copenhagen: Hans Reitzels Publishers.

Larner, W. (2000). Neo-liberalism: Policy, ideology, governmentality. Studies in Political Economy, 63, 5 - 25.

Larner, W., & Walters, W. (2004). Introduction: Global governmentality—governing international spaces. In W. Larner & W. Walters (Eds.), Global governmentality (pp. 1 - 20). London: Routledge.

Lemke, T. (2007). An indigestible meal? Foucault, governmentality and state theory. Distinktion: Scandinavian Journal of Social Theory, 8(2), 43 - 64.

Lewis, J. (Ed.). (1997). Lone mothers in European welfare regimes. London: Jessica

Kingsley Publishers.

Lukes, S. (1974). Power—A radical view. Basingstoke: Macmillan.

Macleod, P. , & Duurheim, K. (2002). Foucauldian feminism: The implications of governmentality. Journal for the Theory of Social Behavior, 32(1), 41 - 60.

Mahon, R. (2013). Social investment according to the OECD/DELSA: A discourse in the making. Global Social Policy, 4(2), 150 - 159.

Marcussen, M. (2002). OECD og idespillet—Game over? Copenhagen: Hans Reitzels publishers.

Martinsen, K. (1994). Fra Marx til Løgstrup—om etik og sanselighed i sygeplejen. Copenhagen: Munksgaard.

Muehlebach, A. (2012). The moral neoliberal—Welfare and citizenship in Italy. Chicago: University of Chicago Press.

Newman, J. , & Tonkens, E. (2011). Introduction. In J. Newman & E. Tonkens (Eds.), Participation, responsibility and choice: Summoning the active citizen in Western European welfare states (pp. 9 - 28). Amsterdam: Amsterdam University Press.

Nousiainen, K. (2011). Double subsidiarity, double trouble? Allocating care responsibilities in the EU through social dialogue. In H. M. Dahl, M. Keränen, & A. Kovalainen (Eds.), Europeanizaton, care and gender: Global complexities (pp. 21 - 40). Basingstoke: Palgrave Macmillan.

Obling, A. R. (2012). Kunsten at skabe en medfølende og engageret hospitalslæge. In M. Järvinen & N. Mik-Meyer (Eds.), At skabe en professionel—Ansvar og autonomi i velfærdsstaten (pp. 142 - 164). Copenhagen: Hans Reitzels Publishers.

OECD. (2005). Long-term care for older people? Paris: OECD.

OECD. (2011). Help wanted? Providing and paying for long term care. Paris: OECD.

OECD. (2013). A good life in old age? Monitoring and improving quality in longterm care. Paris: OECD.

Oksala, J. (2013). Feminism and neoliberal governmentality. Foucault Studies, 16, 32 - 53.

Ong, A. (2007). Neoliberalism as a mobile technology. Transactions of the Institute of British Geographers, 32(1), 3-8.

Outshoorn, J., & Kantola, J. (Eds.). (2007). Changing state feminism. Basingstoke: Palgrave Macmillan.

Pedersen, O. K. (2011). Konkurrencestaten. Copenhagen: Hans Reitzels Publishers.

Poulantzas, N. (1978). State, power and socialism. London: Verso.

Prado, C. G. (1995). Starting with Foucault—An introduction to genealogy. Boulders: Westview Press.

Rasmussen, L. D. (2012). (H)vide verden—om relationer mellem professionsidentiteter og kvalitetssikring, Ph. D. thesis. Roskilde: Institut for samfund og globalisering.

Rönnblom, M. (2014, July 3-5). From governance to governmentality—The need for more elaborate methodologies when studying power and politics. Paper presented at the 9th IPA Conference, Wageningen, The Netherlands.

Sahlin-Andersson, K. (2002). National, international and transnational constructions of new public management. In T. Christensen & P. Lægreid (Eds.), The transformation of ideas and practice (pp. 43-72). Aldershot: Ashgate.

Sanchez, M., & Hatton-Yeo, A. (2012). Active aging and intergenerational solidarity in Europe: A conceptual reappraisal from a critical perspective. Journal of Intergenerational Relationships, 10(3), 276-293.

Serviceloven. (2015). Lovbekendtgørelse number 1284 from 17/11/2015. Social-og Indenrigsministeriet.

Søndergaard, D. M. (1994). Køn i formidlingsprocessen mellem kultur og individ: nogle analytiske greb. Psyke & Logos, 15, 47-68.

Soss, Fording and Schram. (2011). The organization of discipline: From performance management to perversity and punishment. Journal of Public Administration Research and Theory, 21(suppl. 2), 203-232.

Spanger, H. M., Dahl, H. M., & Petterson, E. (manuscript). How do states condition care chains? Discursive framings, heterogeneous states and multilevel governance.

Szebehely, M. , & Meagher, G. (2013). Four Nordic countries—Four responses to the intenational trend of marketisation. In G. Meagher & M. Szebehely (Eds.), Marketisation in Nordic eldercare (pp. 241 - 288). Stockholm: Department of Social Work.

Tronto, J. (1993). Moral boundaries: A political argument for an ethic of care. New York: Routledge.

Thomas, T. , & Davies, A. (2005). Theorizing the micro-politics of resistance: The new public management and managerial identities in the UK public service. Organization Studies, 26(5), 683 - 706.

Ulmanen, P. (2012). Working daughters: A blind spot in Swedish eldercare policy. Social Politics, 20(1), 65 - 87.

Vabö, M. (2006). Caring for people or caring for proxy consumers? European Societies, 8(3), 403 - 422.

Venogopal, R. (2015). Neoliberalism as a concept. Economy and Society, 22(2), 165 - 187.

Wærness, K. (1987). On the rationality of caring. In A. Showstack-Sassoon (Ed.), Women and the state (pp. 207 - 234). London: Hutchinson.

Walby, S. (1990). Theorizing patriarchy. Oxford: Basil Blackwell.

Weber, M. (1921 [1980]). Wirtschaft und Gesellschaft. Tübingen: Mohr Siebeck.

Witz, A. (1992). Professions and patriarchy. London: Routledge.

Yuval-Davis, N. (2011). The politics of belonging - Intersectional contestations. London: Sage.

第六章　结论:一个新的分析框架

本章将汇集前面几章的观点,以解决本书的关键问题:我们可以识别哪些类型的冲突?答案并不是关于老年照护中各种各样冲突的详尽分类。然而,要看清并识别冲突,需要我们理解不断变化的照护条件。只有如此,我们才可能发展出一种新的照护分析方法。随着照护背景的变化,关于照护的理论话语也必须发生变化。不断变化的条件需要一种新的分析方法,只有这样才有可能把握照护的现实,因为它正被政治化、规范化,并成为冲突的主题,换句话来说,关于照护和照护内部的冲突加剧了。新的分析方法——或是老年照护的构图——使我们能够识别冲突。在老年照护中有着许多种的冲突,各种分类法可以用来创造秩序和分类。我并没有选择最显而易见的分类方法,而是选择专注于照护研究中常常被忽视的两类冲突:关于沉默化的冲突,以及关于规范的冲突。本章中,我将超越前面几章的观点,讨论我的见解和分析在其他照护领域或是其他国家背景下的可能影响。我还将从一个批判性视角来思考有关老年照护的新问题:老年照护将朝着哪个方面发展?在当前的规范形式下,作为研究者的我们和社会一起将面临怎样的挑战?我认为,这些问题也将与其他领域和其他照护背景相关联。

新的照护分析:一种变化的背景和新的理论

正如我在第二章中阐述的那样,照护正变得不稳定和支离破碎[①]。此外,老年照护也在发生着具体的变化,并已经成为国家及全球关注的问题,而关于如何规范老年照护的冲突也愈演愈烈。冲突涉及七个社会及政治的进程,它们以不同的方式与老年照护相互作用,并构建着老年照护。从这一意义上说,关于谁或是什么机构承担照护责任,以及如何照护的不确定性在不断增加。照护越来越被拆分成零散的部分,这一过程反映了新自由化行政制度下照护的职业化及其规范。职业化和新自由化朝着不同的方向发展,因此,职业化的照护涉及与知识冲突相关的照护分工,新自由化则将市场化和私有化纳入考虑范畴。由此,改变了照护的责任和形象,也往往使基于不同类型知识的特定照护沉默化了。新自由化可以被描述成一个降低知识在老年照护中的作用的过程,取而代之的是强调照护的实践方面。而职业化和新自由化则是围绕知识在老年照护中的作用而展开冲突的过程。但是,由于我们也是后现代化进程的一部分,因此,对我们进行照护的方式也越来越具有反思性。变化常常带来新旧之间的不确定性,在这一情形下会引发社会及政治进程以及它们之间的矛盾与冲突。一个例子就发生在商品化和后现代化之间,如第二章所述,由于两者都是模棱两可的社会进程,它们在降低了情感依赖可能性的同时,增加了情感亲近的需求。与此同时,这些进程产生了不确定性和对立的逻辑,从广义上说,照护正成为政治的一部分。人们越来越多地讨论社会及国家的照护责任,由此,关于照护的冲突也层出不穷。

照护的性质在不断变化,其动态的条件和日益加剧的冲突使得重新思考现有的照护分析成为必要。我建议我们应该以关联性代替关系,以集合体代替关系网络,以陌生人补充家庭为基础的照护,以逻辑取代"困境"的分析性术语。最终,照护成为复杂情感机制的一部分,而不是仅仅被描绘成"温暖的手"。让我简要地总结一下隐藏在这一替代框架以及关键性术语背后的基本原理。

照护关系和照护中的人际关系越来越不稳定,并且随时可能发生变化。作为一个分析性概念,"关联性"可以更好地捕捉跨越时空的人与人之间发生的脆弱性

① 奥地利人类学家 Tatjana Thelen 也这样认为(2005 年)。

和偶然性。对于当代的社会现实而言，"关系"成为一个过于静态的概念。"照护网"在早些时候是一个十足的隐喻，用来比喻需要照护的人被编织到照护关系中的方式，被描述为一张围绕着老年人周边的更亲密或是更遥远的关系网，且并没有一个明确的开始。"照护网"的存在具有相对稳定性，然而，由于关系和照护关系变得不那么稳定，因此我们需要从关联性的角度来思考。照护被描述为一个集合体更恰当——一个不可预测的关联的集合体。在一个集合体中，个体相互接触，并成为情感机制的一部分(Deleuze & Guattari 1988)。作为集合体的组成部分，照护可以发生或是可能缺席(考虑到照护的潜在失败)。我建议我们将"陌生人"的概念纳入进来，而不是将照护视为仅由熟人/家庭成员提供的照护。照护的商品化意味着照护越来越多地由陌生人提供，陌生人可能会也可能不会变成熟悉的人。照护人员和专业照护人员来了又走，因此，照护可以被视为是由一些认识的人或是一些陌生人提供的。照护不是由一系列相对稳定的困境组成，而是不断陷入关于什么是照护以及什么是良好照护的矛盾与冲突之中。将老年照护视为"困境"，是把照护嵌入了一个错误的框架里。关于老年照护的冲突不应该被界定为两个相互排斥的(伦理)原则的问题，相反，应将其看作是照护的理念之争。最后，照护不仅仅是关于"温暖的手"或是将完成照护当成"好像关怀一样"(Yuval-Davis 2011：186)。照护涉及复杂的集合体和情感机制，它们规定并界定了适当的情感。照护集合体支配着各种各样的情感，例如同情、遗憾、厌恶以及不确定性等等，这里只是提到了几个。作为一个概念，"情感机制"有助于我们理解不同类型的情感在不同情境下传播、嵌入和规范的方式。在这种理解中，情感不仅仅是作为给定的反应而存在，而且还是在不同层次上被驱动和规范的。

在持续不断的、通常是模棱两可的变化时期，情境化的照护迫使我们需要反思现有的老年照护理论。我们意识到照护的理论化程度不高，无法用现有的理论正确地把握照护。不确定性、反思性以及偶然性引导我们使用新的分析概念如关联性、集合体、陌生人、情感机制以及逻辑等来重新思考照护理论。

两种类型的冲突：照护的沉默化和规范

我们常常倾向于以一种特定的方式来探寻冲突，通过发现矛盾和抵抗点来发现冲突。然而，有一些冲突可能被我们忽视了。因此，我建议在补充对口头语言和书面语言的分析时，需要对老年照护中的沉默或是其中的一部分给予分析性关注。沉默一直被如 Derrida 和 Foucault 等哲学家以及女性主义哲学家和女性主义政治学家所接受，我已经在本书的第四章中作了详细的阐述。基于他们的见解，我认为沉默并不是一个实体，而是一个话语构建及重新构建的过程，是介于口头表达和沉默之间的边界。将沉默看作一个进程意味着我们需要将“沉默”作为主动动词的“沉默化”来理解。

沉默化可以以两种方式呈现。从分析角度上讲，我们可以将沉默化区分为占支配地位的沉默化和从属地位的沉默化。当前，这些还不具备独立的功能。相反，它们是一个话语的特征，界定了客体、主体以及可能的逻辑。而且，支配是“不言而喻”的，例如男性气质和白人，当我们无法用语言表达时，就会产生从属性。缺乏权力是话语的一个特征，它使那些在冲突中失利的元素沉默了。从这一意义来说，照护可以被看作是已经进入话语的存在物，但是其中的元素却被抑制了。通过此方式，有关照护的话语被延伸到适应现有的规范话语之中，照护成为一种替代品。通过沉默化和屈就以适应现有的话语而变得扭曲，这一进程中的一部分是为了让人愉悦，而那些不愉悦的、潜在的抵抗沉默了。

我之前已从丹麦的政治-行政话语中举出了沉默化的例子，比如特定客体和特定主体的沉默化：孤独的老年人和专业照护人员。但是还有一个问题有待回答：我们如何识别沉默化？传统上，在 Faucault 的启发下，我们使用历时性策略例如系谱学或是考古学来识别，这些策略需要大量的历史文献资料。因此，我建议使用不需要大量文献资料的共时性策略，例如解构、比较话语分析、和记忆工作法，我在本书第四章中有详细的分析。

另一个探寻冲突的渠道与国家及其规范相关。在本书中，规范不是实施的同义词。相反，它与规范的形式以及实施老年照护的方式相关。规范的力度不断增强，从这个意义上讲，对老年照护规范的意愿也日益增强。然而，有些民族国家已经扩大了他们对老年人的责任，而另外一些国家则重新建构或是削减了老年照护。

无论采用哪种形式的规范，欧洲国家如今都开始关注老年照护，并将其作为其主要的政策议题之一。“老年照护问题”的设计及其解决方案或许各不相同，对这一问题也一直有着不同的框架，例如照护危机、未来一代人的经济负担、人手不足，带薪照护人员的工作条件以及老年照护缺乏创新等。

在全球范围内，人们针对老年照护提出了种种解决路径，比如康复、提高老年照护效率、市场化或是福利技术等等。尽管存在着差异，有关老年照护的跨国话语似乎对构建各国和区域的老年照护问题框架正产生着越来越大的影响。来自世卫组织(WHO)、经合组织(OECD)或是欧盟的开放协调机制(OMC)等的跨国以及区域话语都直接有助于引起民族国家对如何理解此类问题的关注，并为他们提供一整套的解决方案。尽管跨国话语及区域话语具有诱惑力，但是这并不意味着它只是从全球到国家再到地方的单方向流动，也不意味着在不同层次的规范中，在重构或是改变自上至下的规范解决方案中没有阻力。老年照护规范已经转变为一个多层次的规范领域，涉及次国家、国家及国际层面的参与者。我在本书前面的几章内容中已经阐释了官僚体制逻辑和新自由化逻辑之间的冲突是如何产生的，但是各种逻辑之间并不一定引发冲突。帮助自助——一种能力恢复形式，被诠释成一种与消费主义逻辑不相冲突的方式，并且这些逻辑在不同的时间和不同的背景下得到应用。多层次、混合形式的规范有可能制造冲突，从而再次为照护理念的冲突提供推动力，国家内部的其他冲突也随着新自由化的注入而发生。北欧福利国家老年照护的新自由化揭示了通过照护的编纂加强了控制，并与追求平等的热情和官僚体制的规范模式相关联。因此，新自由化的逻辑与早期的逻辑共存，如此一来，老年照护的规范就由不同层次的多元逻辑构成。

老年照护的商品化、职业化以及国家责任已经改变了以前无法看见、无偿的服务，或是不确定的及无规范的照护工作，将其转变为商品化的、规范的、部分职业化的工作。然而，老年照护的规范仍然具有性别化特征。规范使老年照护的“男权”假设享有特权，并通过重构来抑制其他方面来歪曲照护。正如第五章中所论述的，新自由主义话语趋向于使照护工作非职业化，并将其推向以家务劳动、自我牺牲和乐于助人为特征的前女性照护职业形象方向发展。通过新自由主义话语，老年照护中的职业元素变得越来越弱，使得照护工作作为职业工作的认可度降低了。

超越北欧背景？超越老年照护？

我已经概述了对照护的见解和新的分析方法，它们来自北欧福利国家特定社会背景下的照护形式。在社会科学中，关于个案的界定以及从个案研究中归纳的合法性一直在持续讨论着(Flyvbjerg 2006；Lund 2014)。在前言部分，我阐述了本书研究所基于的文献资料，通过研究了丹麦老年照护的话语规范，在各个城市开展了焦点小组访谈和观察，以便亲眼看到这一规范的是如何被诠释的，以及所受到的抵抗和实际效果，并将我的研究结果与其他人的研究结果进行比较。这是关于丹麦老年照护规范的个案研究，研究了国家层面的政治-行政话语，并选择了六个城市作为重点对象，分析话语是如何在职业照护人员及老年人中被使用、诠释和抵抗的。个案研究包括了在同一国家二十年间的多个相互关联的研究项目，并调查了不同的城市。通过这种方式，我对个案研究的理解不同于例如 Whyte(1993[1943])对街角社会和年轻人群体的更经典研究的理解。

与丹麦发展研究学者 Christian Lund(2014)一致，人们可能提出这样一个问题：这是一个什么样的个案研究？大家可能从我对丹麦及北欧福利国家的研究中总结经验并/或得出理论性见解吗？我们可以超越北欧国家的背景吗？从经验角度讲，丹麦及其他北欧国家的老年照护福利制度并不典型。丹麦和其他北欧国家一样，通常只代表了一个连续统一体的一端，即国家如何赋予公民广泛的权利以获得老年照护，并从国家顶层设计了职业化的照护。在北欧国家之外，老年照护要么被视为由市场提供的服务，要么被看作由市民社会提供的服务(阅读：家庭和非政府组织)。西欧国家中大多数需要长期照护的对象是从他们的亲人那里获得照护的，然而，随着老年照护的任务被转移到照护链中受雇佣的家庭帮工身上，无偿劳动就逐渐演变为有偿的照护工作 (Lutz 2011；Isaksen 2011)。这项工作往往发生在家庭领域，因此，通常是不受规范的也是不稳定的(Schulman et al. 2016:3)。从这一角度说，由丹麦和其他北欧国家构建的新型老年照护框架不同于欧洲其他国家的老年照护。

然而，社会及政治进程也在欧洲其他国家发生着，例如老年照护的商品化、后现代化、去性别化以及全球化。这些进程伴随着更多的跨国话语，影响着老年照护，并引发了变化性、不确定性和模糊性。如此一来，它们可能对正在进行中的进程制造了潜在的矛盾与冲突。在北欧国家以外，有关老年照护的冲突也可能扩散并加剧。从理论上讲，我的分析介绍了诸如抵抗、集合体、陌生人、沉默化以及在老年照护中关于规范和不同逻辑之间的冲突，这些均已证明对于作为一名研究者的我来说是有裨益的。基本上，它是一个理论框架的试金石：理论构图有用吗？它是否为我们提供了新的理解？这是我们从建构主义认识论立场判断理论性构图的适用性或是有效性范围的一种经典方法（Toulmin 1952；Lund 2014）。因此，我们应在不同的时空背景下使用这种分析方法，然后评估照护构图对研究北欧福利国家之外的国家和地区的老年照护是否适用。

在北欧福利国家，如果超越老年照护并转向其他形式的照护会怎么样？我对丹麦老年照护的研究能为学前儿童照护或是病患者照护提供哪些见解？在对老年照护的研究中，我发现了冲突的扩散、照护元素被压制的方式以及对主导话语和对切三明治保持沉默的一些抵抗。"冲突""抵抗"以及"沉默化"是概念工具，有助于引导我们的方法论和理论目光，以便我们能够作出评估。例如在北欧国家对学前儿童或是病患者的照护中，冲突是否也在加剧，确实很有可能，因为这些领域同样也是面临着商品化、职业化和新自由化的照护，就如同老年领域的照护一样。学前照护、老年照护以及病患者照护都卷入了新自由化的"马达"中，它体现了一种规范的意愿，并朝向自我负责和市场化的方向发展。这些进程及其发生的强度与冲突，必然会在学前儿童照护和病患者照护形式上产生矛盾和抵抗，就像他们对待儿童问题那样，同样需要考虑到这些领域与老年照护有着不同的历史发展轨迹。我们已经确认了丹麦发生的冲突，以及存在于不同的职业群体之间的各式各样的抵抗。

总结老年照护的理论构图是否可以应用于其他社会背景或是非北欧国家，这是其他研究人员要作出的评估。在北欧背景之外，这张照护构图或许不太适用。尽管它们所处的社会和政治进程有相似之处，例如全球化、后现代化及新自由化，但是北欧国家和其他国家在国家承担的角色上存在着重要差异。

规范：老年照护的新理念与反思

在近几十年间，欧洲福利制度有着不同的发展方式，包括从削减和重组到扩大老年人接受照护的权利(Ranci & Pavolini 2013)。尽管存在着差异，但各种类型的福利制度都受到关于老年照护及其问题的跨国话语的影响。在这一话语体系中，社会对老年人的期翼是“积极老龄化”，它集中了健康和成功老龄化理念(Jones & Higgs 2010)。“积极老龄化”是一种理念，它融入了诸如“能力重建”“帮助自助”“日常康复”以及其他各种类似的表达。这些术语在老年人对自治的希望、照护人员的新职业身份、以及试图为决策者降低成本之间摇摆不定。其他诸如“创新”“更聪明地工作”等关键词源自欧盟，并成为关于变革的自我参照话语的一部分。这种关于变革和创新的话语是自我参照的，它不需要且实际上也排除了任何关于其不证自明的有效性的进一步的讨论或争论。换句话说：“创新是好东西，因为创新是好的。”欧盟将自身定位为“创新联盟”、拥有社会创新策略和创新基金项目，通过其各类研究和结构性基金开展社会服务(Dahlet al. 2014)。有时，创新确实在为老年人带来改善的同时也降低了成本。但事实并非一定如此，改变并不总是向好的方向发展。此外，技术的作用似乎也引起了西欧政策制定者的注意(东欧的政策制定者们正努力维持收支平衡)。技术是想象中的减少人手、工伤数量及照护费用的一部分。因此，未来几年欧洲老年照护的关键词将是“能力再造/康复”“创新”和“技术”。我们将看到一个又一个“有希望的解决方案”，紧随其后的则是不可避免的意外后果。

在丹麦，“能力再造/康复”、“创新”和“技术”三个关键概念已经成为政府老年照护政策的一部分，并成为各种政策倡议的主题。从批判性、女性主义视角以及Weber的社会哲学传统出发，我们需要对“我们渴望的目的的意义”进行反思(Weber 1949)。借鉴Faucault的批判理念，我们需要思考如下问题：“这种政策的潜在问题是什么?”我提出了三个关于现有老年照护政策方向的问题，在此做简要总结。其中一个问题关注“帮助自助/日常康复的意识形态对自我的约束”，并非所有老年人都希望或是都有能力发展并保持他们自身的能力。第二个关键问题是，能力恢复/日常康复以及帮助自助是否会成为对现有照护供给的补充，还是它将取代现有的服务？而这样做，揭示了能力恢复的消极方面，而不是更加自治的乐观方案。第三，我们需要思考新的能力恢复/日常康复理念将如何改变照护的内容？丹麦最近的研究确实识别了一种新的远程和被动的照护形式。在日常康复中，新的临床和激活焦点正改变着照护实施的方式(Hansen & Kamp 2016)。人们越来越倾向于强调旨在使得老年人更加独立和自我负责的照护方式。由于并不是所有的老年人都渴望获得更多的独立和自我责任感,因此需要更多的研究来发现这一新的照护理念对当前照护实践的影响。

挑战现有的规范形式?

无论是在社会科学中还是更具体地说是在关于市场化和自我责任化的女性主义照护研究中,新自由主义和新公共政策都受到批判性评价(Venogopal 2015;Szebehely & Meagher 2013;Dahl 2012)。新自由主义也是一种吸引力,通过将老年照护与选择、更便宜的照护和市民社会联系起来,使决策者相信其相关性,证明它比机构(阅读:情感)提供的照护更好。反过来,为了规范某些事,就需要它可以拿来讨论、界定与固化。然而,正如我们在前几章中看到的,老年照护是偶然的、复杂的、也是沉默化进程的对象。从这个意义上说,照护为治理带来了重要问题,因为它可以被视为构成了新自由主义以及更普遍规范的限制(Hoppania & Vaittinen 2015)。正如我在本书中试图表明的那样,新自由主义在老年照护中制造了很多问题,我们必须开始对如何避免这些问题进行反思。我们必须尝试用不同的方式提供老年照护,用另一种照护理念来进行规范。

然而,当前老年照护的规范并不仅仅是新自由主义的产物。它还是在北欧福利国家新自由化和官僚体制化进程相互作用中产生的,新自由主义被迫适应争取平等和普遍主义的制度特征。新自由化从来不是规范的唯一形式,当前的老年照护基于两个前提:一是可以被规范,二是可以用一种特殊的方式来规范。女性主义照护理论直接或间接地质疑了这些假设(Hoppania & Vaittinen 2015;Mol 2008)。照护和规范往往被视为是相互对立的,但事实并非如此。老年照护已经进入社会且变得政治化了,相应地,它已经成为一个需要得到规范的领域。这意味着问题不在于规范本身,而在于采用何种规范方式。

正如我在第五章中所探讨的,当代社会中的规范采用了一种混合形式。我们已经看到,"某些特定的"元素正推动着我们超越新公共政策和新自由化。这些"元素"是政策支柱之间的跨部门间的合作,例如,市政当局的照护和健康领域在老年人出院方面的协调努力。这些措施旨在简化从医院的健康照护到市政当局提供照护的过渡，以减少重返医院的可能性及避免家庭照护的失败。但不仅不同的照护逻辑共存，照护的规范也是不稳定的。其中的一个逻辑，新自由化/新公共管理话语具有高度的动态性，吸收了诸如“自治”和“创新”等新元素（Clarke & Newman 1997；Newman & Tonkens 2011）。这种混合性使得在方法上很难区分“旧”规范与“新”规范。

然而，一种超越现有照护理念的思考方式是沿着第二章中提供的社会学见解展开的。照护资质正在变化，因此，我们不能够依赖现在已有的照护资质。去性别化增强了这一过程并引入了反思性，以及女性的某种选择：女性可以选择照护或者不照护，而不是履行社会义务。因此，一个挑战是超越现有的规范，在现有的照护资格不被忽视而是得到认可的前提下，找到一种规范照护资格的路径，即使老年照护再职业化的路径。另一个挑战是，当前的新自由化和官僚体制化的照护倾向于将规范建立在不信任和遵守标准、控制、评估和文件的基础之上，我们如何才能构建一个减少不信任并给予照护者和专业照护人员以更多的自主权的规范制度？问题特别有针对性，因为自我现代化产生了自我反思和自我实现的个体，这与控制制度有很大的分歧。最后，现有的规范是建立在国家内部或是类似欧盟的区域内的照护共同体之上的。

然而，随着老年人、照护者和专业照护人员日益全球化，这种文化嵌入可能会带来挑战，因为照护政策与移民之间的边界正在交叉。进而，规范照护变得越来越困难，因为这些问题与共同体中包括哪些人有关（Sarvasy & Longo 2004）：在由移民组成的日益全球化的世界里，我们应该照护谁、或是不应该照护谁？而不是如哈姆雷特那样提出的“生存还是毁灭”一类的问题。现如今，存在主义问题变成了：“作为国家、我或是我们应该照护谁？”从另一方面表述则是“谁将会来照护我？”

在本书中，我并没有讨论这类存在主义问题。它们也许并不完全是新出现的，但由于后现代化及其对自我实现、去性别化、全球化、职业化进程，以及商品化、官僚体制化和新自由化的关注得到加强。以上提到的两个问题突出了既定共同体的边界，它们关系到谁属于、谁不属于的问题。政治冲突在社会的各个方面、社会之间以及国家之间发生着。它们是新的元冲突类型，涉及共同体的边界，在不同的框架中被表达为关于正义的元层次冲突（Fraser 2008），或是关于归属权政治的冲突

(Yuval-Davis 2011)。元冲突关系到谁应被纳入进共同体的照护义务的原则，这种冲突不仅发生在欧洲和北美，也越来越多地发生在世界各地。关于我/我们需要照护谁的冲突关系到共同体的边界和国家的责任。然而，随着区域化和全球化移民数量的增加，问题可能会变得前所未有地突出。照护关乎谁属于我们的共同体、我们的民族、我们的国家。这是关于我们觉得谁是相关的，我们希望照护谁的问题，以及我们应该以何种方式去照护她/他？

参考文献

Clarke, J., & Newman, J. (1997). The managerial state. London: SAGE.

Dahl, H. M. (2012). Neo-liberalism meets the Nordic welfare state—Gaps and silences. NORA, 20(4), 283 - 288.

Dahl, H. M., Eurich, J., Fahnøe, K., Hawker, C., Krlev, G., Langer, A., Mildenberger, G., & Pieper, M. (2014). Promoting innovation in the social services—An agenda for future research and development. Heidelberg: Baier digitaldruck.

Deleuze, G., & Guattari, F. (1988). A thousand plateaus: Capitalism and schizophrenia. London: The Athlone Press.

Flyvbjerg, B. (2006). Five misunderstanding of case-study research. Qualitative Inquiry, 12(2), 219 - 245.

Fraser, N. (2008). Scales of Justice—Reimagining political space in a globalizing world. Malden: Polity Press.

Hansen, A. M., & Kamp, A. (2016). From carers to trainers: Professional identity and body work in rehabilitative eldercare. Gender, Work & Organization (e-publication ahead of print). http://onlinelibrary.wiley.com/doi/10.1111/gwao.12126/epdf. Accessed 21 Dec 2016.

Hoppania, H., & Vaittinen, T. (2015). A household full of bodies: Neoliberalism, care and 'the political'. Global Society, 29(1), 70 - 88.

Isaksen, L. W. (2011). Gendering the stranger: Nomadic care workers in Europe—A Polish-Italian example. In H. M. Dahl, M. Keränen, & A. Kovalainen (Eds.), Europeanization, care and gender: Global complexities (pp. 141 - 151). Basingstoke:

Palgrave Macmillan.

Jones, I. R., & Higgs, P. F. (2010). The natural, the normal and the normative: Contested terrains in ageing and old age. Social Science and Medicine, 71(8), 1513 - 1519.

Lund, C. (2014). Of what is this a case? Analytical movements in qualitative social science research. Human Organization, 73(3), 224 - 234.

Lutz, H. (2011). The new maids: Transnational women and the care economy. London: ZED Books.

Mol, A. (2008). The logic of care: Health and the problem of patient choice. London: Routledge.

Newman, J., & Tonkens, E. (2011). Introduction. In J. Newman & E. Tonkens (Eds.), Participation, responsibility and choice: Summoning the active citizen in Western European welfare states (pp. 9 - 28). Amsterdam: Amsterdam University Press.

Ranci, C., & Pavolini, E. (2013). Reforms in long-term care policies in Europe: An introduction. In C. Ranci & E. Pavolini (Eds.), Reforms in long-term care policies in Europe: Investigating institutional change and social impacts (pp. 3 - 22). Heidelberg: Springer.

Sarvasy, W., & Longo, P. (2004). The globalization of care. International Feminist Journal of Politics, 6(3), 392 - 415.

Schulman, K., Gasior, K., Fuchs, M., & Leichsenring, K. (2016). The view from within: 'Good' care from the perspective of the care professionals—from an exploratory study, European Centre for Social Welfare Policy and Research. Vienna: Policy Brief.

Szebehely, M., & Meagher, G. (2013). Four Nordic countries—Four responses to the international trend of marketization. In G. Meagher & M. Szebehely (Eds.), Marketisation in Nordic elderly care: A research report on legislation, oversight, extent and consequences (pp. 241 - 283). Stockholm: Department of Social Work.

Thelen, T. (2015). Care as a social organization: Creating, maintaining and dissolving significant relation. Anthropological Theory, 15(4), 497 - 515.

Toulmin, S. (1952). The philosophy of science. London: Hutchinson.

Venogopal, R. (2015). Neoliberalism as a concept. Economy and Society, 22(2), 165 - 187.

Weber, M. (1949). The methodology of the social sciences. New York: The Free Press.

Whyte, W. F. (1993 [1943]). Street corner society. Chicago: University of Chicago Press.

Yuval-Davis, N. (2011). The politics of belonging: Intersectional contestations. London: SAGE.

索　引

O

P

T

V

W